WOLFHART BERG

BARCELONA

Eine Stadt in Biographien

Herausgegeben
von Norbert Lewandowski

MERIAN *porträts*

DER AUTOR

Wolfhart Berg, geboren in Königsberg, wuchs in Barcelona auf und machte dort 1963 am Deutschen Gymnasium sein Abitur. Später arbeitete der Journalist (u. a. Chefredakteur von »Brigitte« und der Münchner »Abendzeitung«) in Spanien für deutsche Verlage als Chefredakteur und Herausgeber spanischer Zeitschriften und traf dabei auch mehrmals König Juan Carlos. Inzwischen lebt Berg in Hamburg und hält sich aus beruflichen wie privaten Gründen jeweils mehrere Wochen im Jahr in Barcelona und Madrid auf.

Barcelona. Eine Stadt zwischen Meer und Bergen.
Zwischen dem Heute, dem Gestern und Morgen, mit
dem Bindemittel einer überschäumenden Fantasie.
Ein Spanien mit anderer Sprache und Kultur.

»Helden« hatte und hat Barcelona viele: 1493 wird Kolumbus hier zum Vizekönig gekrönt, gegenwärtig gilt das Fußballgenie Lionel Messi als König der Katalanen. In Barcelona errichtet Antoni Gaudí seine unvollendete Kathedrale Sagrada Família, malt der junge Picasso Meisterwerke, kämpft George Orwell im Bürgerkrieg, beschreibt Carlos Ruiz Zafón die Unterdrückung der Katalanen in den Zeiten der Franco-Diktatur.

Helden wie José Carreras an Barcelonas Oper Liceu, wie Ferran Adrià, der beste Koch der Welt, oder wie der Detektiv Pepe Carvalho in Vázquez Montalbáns Krimis prägen diese Stadt. Dieses Flair bringen uns die Persönlichkeiten näher, die MERIAN *porträts* in 20 Kapiteln beschreibt.

Natürlich ist es schwer, die »richtigen« Personen auszuwählen. Vermutlich ist es sogar unmöglich, schließlich wurde Barcelona in seiner über 2000-jährigen Geschichte von weit mehr als 20 Menschen geprägt. Doch in der Summe soll unsere subjektive Auswahl ein unverwechselbares Kaleidoskop ergeben – das Faszinosum Barcelona.

Neben einem schier unerschöpflichen Fantasiereichtum, der einem auf Schritt und Tritt begegnet, prägen zwei katalanische Charaktereigenschaften die Stadt: »seny«, der Pragmatismus, die Bürgerschläue und ein gesunder Erwerbssinn. Und »rauxa« bedeutet je nachdem Leidenschaft, Kunstsinn, Lebenslust, Feierlaune. Jeder Barceloner trägt die offensichtlich angeborene Kultur in sich, »seny« und »rauxa« zu verbinden.

Das macht die Stadt so einzigartig – die vermeintlichen Gegensätze »seny« und »rauxa« in einer Seele. Kultiviert und wild, großzügig und geschäftstüchtig. »Seny« und »rauxa« lassen Barcelona leuchten!

Auf einen Blick

Orientierung

Farbige Kästchen mit Ziffern **1** und farbige
Buchstaben-Ziffern-Kombinationen (▸ *D 3*)
verweisen auf die Orientierungskarte auf S. 8/9.

AUF EINEN BLICK

Ohne ihre Bewohner wäre die Stadt eine andere. Ohne Ildefons Cerdà i Sunyer, Gaudí, Montserrat Caballé … wäre Barcelona nicht Barcelona.

GUIFRÉ EL PILÓS (852–897)

JAUME EL CONQUERIDOR

897 Die Landesfarben Kataloniens wurden der Legende nach mit dem Blut des sterbenden Guifré gemalt.

1492 Um Spaniens Reichtum zu mehren, stach Kolumbus mit der Santa Maria in See.

800 900 1000 1100 1200 1300 1400 1500

1213–1277 Jaume I herrschte über das von ihm gegründete katalanische Königreich.

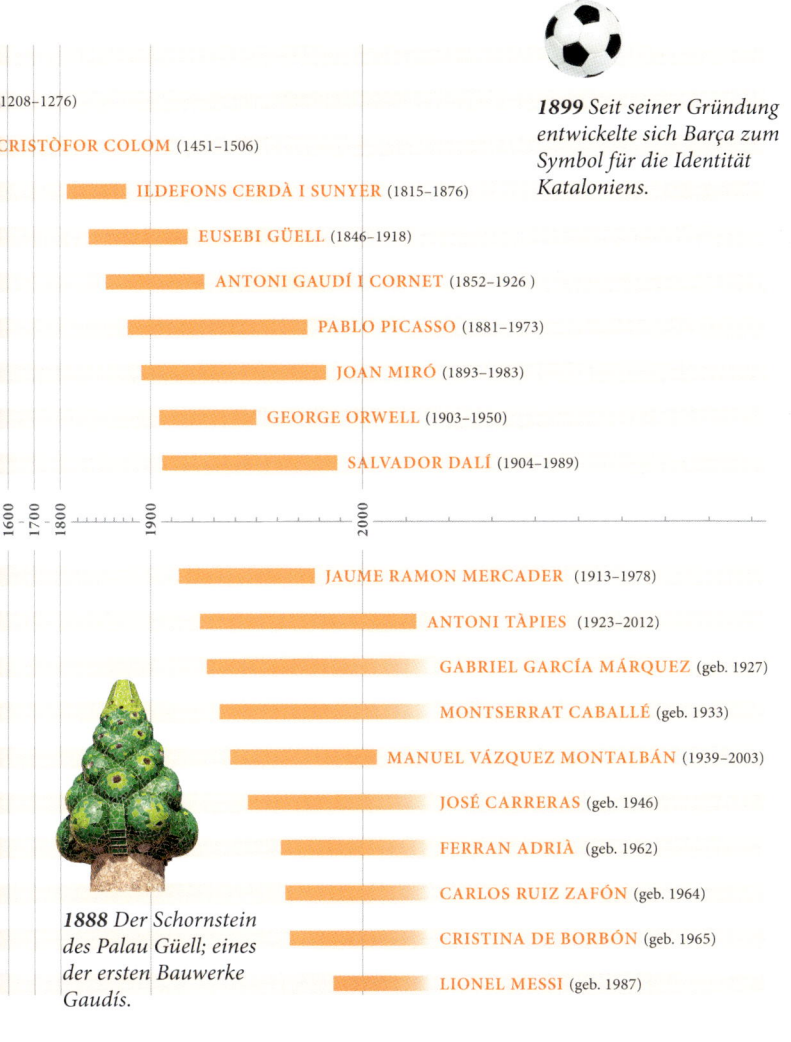

1208–1276)

CRISTÒFOR COLOM (1451–1506)

ILDEFONS CERDÀ I SUNYER (1815–1876)

EUSEBI GÜELL (1846–1918)

ANTONI GAUDÍ I CORNET (1852–1926)

PABLO PICASSO (1881–1973)

JOAN MIRÓ (1893–1983)

GEORGE ORWELL (1903–1950)

SALVADOR DALÍ (1904–1989)

*1899 Seit seiner Gründung
entwickelte sich Barça zum
Symbol für die Identität
Kataloniens.*

1600 1700 1800 1900 2000

JAUME RAMON MERCADER (1913–1978)

ANTONI TÀPIES (1923–2012)

GABRIEL GARCÍA MÁRQUEZ (geb. 1927)

MONTSERRAT CABALLÉ (geb. 1933)

MANUEL VÁZQUEZ MONTALBÁN (1939–2003)

JOSÉ CARRERAS (geb. 1946)

FERRAN ADRIÀ (geb. 1962)

CARLOS RUIZ ZAFÓN (geb. 1964)

CRISTINA DE BORBÓN (geb. 1965)

LIONEL MESSI (geb. 1987)

*1888 Der Schornstein
des Palau Güell; eines
der ersten Bauwerke
Gaudís.*

ORIENTIERUNG

Restaurante La Portería **36**

Hotel Casa Fuster **17**

Casa Milà / La Pedrera **9**

Casa Batlló **8**
Casa Amattler **7**
Fundació Antonio Tàpies **13**
Galería Sala Dalmau **15**
Rambla de Catalunya **31**

La Paloma **19**

Fundació Joan Mir **1**

750 M

39 Sagrada Família

27 Palau de la Música Catalana

Els 4 Gats
Bar Boadas
12
2 **1** Ateneu
Barcelonès
Confitería **11**
Foix **20** Librería Canuda

Catedral de
la Santa Creu

Museu Picasso
25

10 **29** Palau Reial Major

3 Bar del Pi

Bar La Granja
4 Dulcinea

Santa María del Mar
38

22 Museu d´Art
Contemporani

26 Palau de la Generalitat

Pinotxo Bar **30**

23 Museu d'Història
de Catalunya

Boquería **5**

6 Café de L´Opera

Gran Teatre del Liceu
16

21 Monument a Colón

37 Restaurante Los Caracoles

18 Hotel Oriente

35
Restaurante
Casa Leopoldo

28 Palau Güell

33 Restaurante
Amaya

Reial Club Marítim
de Barcelona
32

24
Museu Marítim

Restaurante
Barceloneta
34

GUIFRÉ EL PILÓS

852–897

Der Ahnherr von Barcelona war ein Graf und Krieger aus Südfrankreich. Er baute die Stadt zu einem mittelalterlichen Machtzentrum aus. Und er schuf die Flagge Kataloniens – mit seinem eigenen Blut.

Der Furor germanicus – damit hat es begonnen! Nun ja, um es politisch korrekt auszudrücken, sind eigentlich die Franken dafür verantwortlich, dass Barcelona zur Grafschaft und mittelalterlichen Weltstadt aufstieg. Dieses westgermanische Volk überrannte halb Europa und herrschte dann über weite Teile des heutigen Frankreichs und Deutschlands. Als Pippin der Kurze 768 starb, reichte das Fränkische Reich bis an die Pyrenäen. Sein Nachfolger Carolus Magnus, bekannt als Kaiser Karl der Große, erweiterte das Reich bis 806 über die Pyrenäen hinaus. Sein Sohn *Ludwig der Fromme* schlug die Araber und vertrieb sie bis hinter den Riu Llobregat. Katalonien war nun als Spanische Mark von den Pyrenäen über Urgell und Girona bis südlich von Barcelona politisch geschaffen. Dafür brauchte der Fromme einen Mann, den die Stadt bis heute als ihren Ahnherrn sieht: Guifré el Pilós.

Diese Geschichte ist ziemlich blutig und handelt von einem Haarigen und einem Kahlen. Beide adlig, beide sehr kriegerisch.

Kleinwüchsiger Mann mit großem Schwert: Guifré el Pilós, Wilfried der Haarige, Graf von Barcelona, Urgell, Girona und Besalú.

Ein Epos aus dem frühen Mittelalter, wo Heldenmythen geboren werden und die Sagen noch Jahrhunderte später die Nachwelt erschaudern lassen. Jede Stadt, die was auf sich hält, braucht eine so leicht zu glorifizierende Vergangenheit. Auch (oder erst recht) die katalanische Stadt Barcelona. Man muss allerdings etwas weiter ausholen, um die Entstehung der Stadt historisch, strategisch und geopolitisch darzustellen.

Säulen des römischen Augustustempels im Gotischen Viertel der Altstadt.

Als die Römer dann im Ersten Punischen Krieg (264–241 v. Chr.) den Karthagern (Puniern) die Inseln Korsika, Sizilien und Sardinien abnehmen, bekommen sie Lust auf mehr Macht im Mittelmeer. Im Zweiten Punischen Krieg (218–201) treten zwei römische Legionen gegen Hannibals karthagische Krieger an, die Spaniens Mittelmeerküste von Südfrankreich und von Gibraltar aus in die Zange und unter ihre Herrschaft nehmen wollen.

Dem römischen Feldherrn Scipio gelingt es jedoch, von der Costa Brava aus den Puniern die Nachschubwege abzuschneiden und die Küste von den Pyrenäen aus über Barcelona und Tarraco (heute Tarragona) bis zur Ebro-Mündung zu besetzen. So entsteht um 210 v. Chr. die römische Kolonie »Hispania citerior« mit Tarraco als Metropole. Von hier aus werden die Karthager bald aus ganz Spanien vertrieben. Tarraco ist um 100 v. Chr. mit Tempeln, Lagerhäusern und Palästen Roms Hauptstadt für ganz Spanien. Als Julius Caesar 40 v. Chr. einen Triumphbogen bauen lässt, zählt Tarraco schon um die 35 000 Einwohner. Tarragona hat heute die meisten erhaltenen römischen Bauten ganz Spaniens aufzuweisen.

Im Gegensatz zu Tarraco liegt der Küstenfleck zwischen Riu Besós und Riu Llobregat um 45 v. Chr. immer noch im Abseits, wenn man einmal davon absieht, dass der aus nordafrikanischen Berbern, Karthago-Abkömmlingen, und Kelten gemischte Volksstamm der Laietani – die Via Laietana *(▸ F 4–H 6)* trennt heute das Gotische Viertel vom Casc Antic und Barri Ribera in nordwestlicher Richtung – mit seinen Hirten und Bauern durch die Gegend streift. Weil aber Roms spanische Hauptstadt Tarraco rasant wächst und die Grundstücke knapp werden, weil auch der Schiffsweg von Marseille über Narbonne bis Tarraco doch recht lang ist, entstehen auf den Wiesen und dem Hügel »Mons Jovis« (Montjuïc) die ersten Hütten. Im Jahr 14 v. Chr. wird das neue Dorf der Fischer, Bootsbauer und Händler, die um einen provisorischen Hafen zur Proviantversorgung der römischen Flotte siedeln, offiziell zur römisch-kaiserlichen Kolonie Faventia Julia Augusta Paterna Barcino ernannt – die Stunde null in der Geschichte Barcelonas.

ALLES BEGANN MIT DEM RÖMISCHEN BARCINO

Der Ort wird als Hafen- und Handelsplatz bald wichtiger als Tarraco. Eine Stadtmauer umschließt die heutigen Stadtteile Raval, Gòtic und Ribera. Zwischen den Häusern aus Lehm und Ziegel entstehen für reiche römische Patrizier und Feldherren im 1. bis 3. Jh. n. Chr. Paläste, Thermen und der Augustustempel. Davon sind heute noch drei Säulen in der kleinen Carrer del Paradis 10 *(▸ G 5)* zwischen der Kathedrale und der Plaça Sant Jaume zu sehen.

Gut erhaltene Teile der Stadtmauer mit ihren ehemals 78 Türmchen sind ab der Plaça Nova vor der Kathedrale zu entdecken. An der Mauer entlang führt der römische Touristenpfad durch ein romantisches Gassenlabyrinth über die Carrer Bisbe, Carrer de la Palla, Carrer dels Banys Nous, dann weiter über die Carrer Ampel, Carrer Jaume I und Carrer de la Tapinería bis zur Avinguda de la Catedral.

In den drei Jahrhunderten nach der Zeitenwende entwickelt sich hier auch das Català, die katalanische Sprache, aus Latein und dem Provenzalisch-Französischen der römisch besetzten Region Roussillon. Um 300 hat Barcino fast 50 000 Einwohner. Die Schutzheilige des heutigen Barcelona, Santa Eulalia, lässt der römische Statthalter zu Tode foltern. Christenverfolgung, der Zerfall des Römischen Reiches und Invasionen germanischer Stämme bringen Flüchtlinge, Hunger und Gewalt in die Hafenstadt. 415 besetzen die Westgoten Barcino, und 476 gibt es keinen einzigen römischen Legionär mehr auf der Iberischen Halbinsel.

EIN DRAUFGÄNGER IM KETTENHEMD

Der lokale Landadel, die Handwerkerinnungen und Handelsgesellschaften werden in den nächsten 300 Jahren immer mächtiger. Die westgotischen Herrscher müssen Ständerechte und kommunale Selbstbestimmung an Barcelonas Ratsherren abgeben. Und sie verlieren vollends die Macht im 8. Jh., als die Mauren beziehungsweise Sarazenen das Land erobern und vom Norden die fränkischen Könige ihr Interesse an den strategisch wichtigen Mittelmeerhäfen Barcino und Tarraco militärisch unterstreichen. Karl der Große und sein Sohn Ludwig der Fromme dehnen ihr Heiliges Römisches Reich über die Pyrenäen aus, vertreiben 801 die Sarazenen aus Barcelona und richten 806 mit den »Comarques« Rosselló, Urgell, Cardanya, Barcelona und Girona bis südlich des Riu Llobregat die Spanische Mark ein.

Der Kaiser beziehungsweise sein fränkischer Unterkönig setzen hier jeweils die Grafen ein. Es ist ein Zeitalter relativen Friedens und kaufmännischer Blüte. Der Bürgersinn Barcelonas wird gestärkt. Die Frankenkönige fördern die Seefahrt, den Handel, richten kommunale Ständewahlen, Wasserschiedsgerichte und Friedensrichter bei Vermögensstreitigkeiten ein.

Die ältesten Gebäudeteile der Kathedrale von Barcelona in der Altstadt entstanden Ende des 13. Jahrhunderts.

Nach Pippin dem Kurzen, Karl dem Großen und Ludwig dem Frommen greift nun endlich der glorreiche Gründer Kataloniens ins Machtspiel des 9. Jh. ein: Guifré el Pilós, Wilfried der Behaarte oder der Haarige. Der Überlieferung nach trägt er eine wilde Mähne und einen Vollbart. Geboren wurde er in der Nähe des südfranzösischen Carcassonne, also im westfränkischen Königreich, sein geschätztes Geburtsjahr ist 852. Er entstammt einem alten Grafengeschlecht. Einer seiner Brüder wird Geistlicher, er selbst Krieger.

Er ist ein Draufgänger im Kettenhemd, aber kein Idiot. Kriegslustig, aber nicht selbstmörderisch. Eher diplomatisch und abgabetreu. Er kämpft mit seinen Truppen immer in Absprache mit seinen fränkischen Lehnsherren und den kirchlichen Würdenträgern der großen Bistümer Osona oder Montserrat. Und so knöpft sich der Krieger von der französisch-fränkischen Seite aus eine

Grafschaft nach der anderen vor und gewinnt zwischen 870 und 880 nach Urgell und Rosselló auch Cerdanya, Girona und Barcelona. Der karolingische Kaiser *Karl II.*, der Kahle (823–877), ein gebürtiger Hesse, verzeiht ihm sogar, dass er gegen den mächtigsten Mann in Katalonien, den fränkischen Adligen *Bernat*, reitet und ihn besiegt.

Vielleicht hat diese Demütigung dem Kaiser sogar gefallen, denn Bernat war vom karolingischen Hof in die Pyrenäen-Region verbannt worden, weil er angeblich ein Techtelmechtel mit der Gattin des Herrschers gehabt haben soll. Jedenfalls erhält Guifré für seinen Sieg vom Kaiser persönlich die Grafentitel von *Girona* und *Besalú*. Diese Grafschaften sowie die Bistümer *Osona* und *Montserrat* eint Guifré zu einem vom Franken-Imperium weitgehend autonomen Reich, das er von Barcelona aus verwaltet.

GUIFRÉ KÖPFT EIGENHÄNDIG VERRÄTER

Der »Haarige« ist ein Mann vom Typ »hart aber fair«. Er köpft schon mal eigenhändig Verräter mit dem Schwert, rettet aber auch unschuldige Bauerntöchter vor dem einnehmenden Wesen gewaltbereiter Lehnsherren. Und er gründet voller Gottesfurcht die Klöster *Santa Maria de Ripoli*, wo er später auch beigesetzt wird, und *Sant Joan de les Abadesses*.

Unsterblich aber wird der Haarige mit jener Geschichte, die je nach Sichtweise und patriotischem Härtegrad Chronik oder Legende ist: An der Seite von Karl dem Kahlen wird er bei Barcelona in Kämpfe verwickelt und dabei schwer verwundet. Der Kahle sucht seinen Feldherrn im Lazarettzelt auf, berührt mit seiner rechten Hand die Wunde von Guifré, streicht mit vier blutigen Fingern über das goldene Schild und sagt: »Dies sei das Wappen des Beherrschers Katalonien.« Ein Gemälde schildert diese Szene; es hängt im Stadtmuseum an der Plaça del Rei. Mit den Quatre

Barres, den vier roten Streifen auf gelbem Hintergrund, entsteht die älteste Nationalflagge Europas. Guifré ist ihr Ahnherr.

Er erhält mit kaiserlichem Segen auch die Grafschaft Barcelona, darf den Titel »Comtat de Barcelona« erstmals unter seinen Nachkommen weiter vererben und gründet so eine Dynastie, die bis 1410 als Basis katalanischer Unabhängigkeit angesehen wird. Er darf sogar eine Krone tragen, aber nicht den Königstitel. Von seinem neu erbauten Palast in Hafennähe (der heute nicht mehr existiert) regiert er das gräfliche Barcelona, das zum Zentrum eines mächtigen Imperiums zwischen den deutschen, französischen und italienischen Königreichen und ein strategisches Bollwerk gegen die Mauren aus Südspanien wird.

Graf Guifré hinterlässt, als er am 11. August 897 stirbt, nicht nur neun Kinder von ein und derselben Ehefrau *Guinidilda*, sondern auch eine boomende Hafenstadt, die schon im 11. Jh. mit übermächtiger Kriegs- und Handelsflotte das Mittelmeer beherrscht.

Aus dem haarigen Krieger wurde ein respektabler Staatsmann, dem Barcelona seinen ersten Helden und Katalonien seine Farben zu verdanken hat.

MUSEU D'HISTÒRIA DE CATALUNYA `23` ▸ *J5/6*
Plaça Pau Vila 3, Barri Gòtic
www.mhcat.net
▶ Metro: Barceloneta

MUSEU D'HISTÒRIA DE LA CIUTAT
Plaça del Rei, Barri Gòtic
www.gencat.cat/generalitat
▶ Metro: Jaume I

JAUME EL CONQUERIDOR

1208–1276

Es war einmal ein junger Mann, der auf den Thron von Barcelona kam und das Mittelmeer eroberte. So wurde ein Märchen wahr, das der Stadt jenes Selbstbewusstsein gab, vom dem sie heute noch zehrt.

Wer einen guten Riecher hat, der kann sich auf die Spur eines Mörders machen, um zum Sitz des katalanischen Königs zu kommen. Rund um die grandiose, tagsüber von Touristen bevölkerte *Plaça Sant Jaume (▸ G 5/6)* im Gotischen Viertel drehte 2006 der deutsche Regisseur Tom Tykwer nach dem Bestseller von Patrick Süskind den Film »Das Parfum«, die Geschichte des genialen aber skrupellosen Geruchgenies Grenouille. Barcelona muss für Paris herhalten, dem eigentlichen Handlungsort.

Grenouille wird auf der Plaça de la Mercé zwischen zwei Tonnen Fisch vor den Kameras geboren. Kurz vor der Plaça Reial, in der Carrer Vidre no 1, liegt der uralte Kräuterladen »Herboristería del Rei«, der im Film die Pariser Parfümerie abgibt. Durch die Shoppingmeile der Carrer de Ferran zieht Grenouille über die *Plaça Sant Jaume* bis zur idyllischen Plaça Sant Just, um alle Gerüche dieser Welt im Kopf abzuspeichern. In der kleinen Kirche Just i Pastor wird eine nackte Nonne gefunden, und der Bischof von

Jaume I, genannt »El Conqueridor«, der Eroberer, herrschte über ein machtvolles Katalonien mit der Residenzstadt Barcelona.

Grasse predigt gegen die Mordserie an jungen Frauen. Von hier aus verfolgt Grenouille durch das heute mit Boutiquen, Galerien und Tapas-Bars gepflasterte Gassengewirr hinter der Kathedrale eine Mirabellenverkäuferin, die er dann auf der romantischen Plaça de Sant Felip Neri tötet.

Das Gotische Viertel ist nicht erst seit dem »Parfum«-Welterfolg filmreif. Es ist das Paradebeispiel für aristokratische Gotik. Die

*Der Palau de la Generalitat de Catalunya mit dem Landesparlament
steht an der nach dem König benannten Plaça Sant Jaume.*

Barceloner meinen, wenn sie denn über ihre Stadt reden, und
das tun sie immer wieder gern, mit »rovell de l'ou« das Gelbe
vom Ei, nämlich die *Plaça Sant Jaume* und 150 Meter weiter den
Königsplatz (Plaça del Rei) mit dem *Palau Reial* **29** *(▸ G 5)* und
der Kathedrale nebenan. *La Catedral de la Santa Creu* **10** *(▸ G 5)*
wurde nach Jaume I zwischen 1298 und 1448 errichtet und ist ein
Prachtexemplar gotischer Kirchenkunst.

Im 13. Jh. aber herrscht von diesem Platz aus über 60 Jahre
lang El Conqueridor, der Eroberer Jaume I, als Graf von Barcelona,
König von Aragón und als Senyor Rei gründet er das mächtige
katalanische Königreich, das 250 Jahre lang den gesamten Mittelmeerraum beherrschen wird.

Jaumes Eltern, König *Pere II d'Aragó* und Gräfin *María de
Montpellier*, waren Profiteure von einer sehr geschickten Heirats-
politik. Den entscheidenden Schritt zum Königstitel für Barce-

lona schafft 1137 Ramón Berenguer IV durch eine klassische Win-Win-Situation: Ramiro II, Regent des kleinen Binnenkönig-reichs Aragón, bittet das reiche Barcelona um Hilfe gegen die wieder einmal andrängenden Mauren und bietet ihm als Gegen-geschäft die Königswürde mittels Heirat seiner 22 Jahre jüngeren Tochter *Peronella*.

EIN KÖNIGREICH DURCH HEIRATSPOLITIK

Natürlich schickt Berenguer Soldaten, vertreibt die Araber und heiratet Peronella. Doch erst sein Sohn *Alfons I* führt als Graf von Barcelona den Titel König von Aragón und Barcelona und verlegt seinen Herrschersitz ans Meer. Bis ins 13. Jh. kann so die Konfö-deration aus Aragón, Barcelona und den fränkischen Grafschaf-ten Carcassonne, Avignon sowie Montpellier die zentralistischen Herrschaftsansprüche der kastilischen Könige in Madrid sowie die Mauren in Schach halten.

Bis Jaume I an die Macht kommt. Zum König von Catalunya und Aragón wird er zwar schon als Fünfjähriger gekrönt. Aber erst als Volljähriger, nämlich mit 16 Jahren, löst er sich aus dem Erziehungskorsett des Templerordens und entzieht sich der Bevor-mundung des nach dem Tod seiner Eltern eingesetzten Kronrats.

Der junge König ist ein tapferer Krieger mit heißem Herzen und kühlem Kopf. Der Chronist und Zeitzeuge *Bernard Desclot* beschreibt ihn so: *»Jaume war der stattlichste Mann der Welt. Er war eine Handbreit größer als alle anderen Männer und in jeder Hinsicht wohlgestaltet. Das Gesicht eindrucksvoll, die Nase lang, der Mund groß, die Zähne perlweiß. Die Augen funkelten, das rote Haar schien wie von Gold durchwirkt, die Schultern waren breit. Er war geschickt im Umgang mit Waffen, mutig, großherzig und freundlich zu allen. Aber all sein Sinnen und Trachten war allein darauf gerichtet, gegen die Sarazenen Krieg zu führen.«*

Mit 21 hat König Jaume I schon einige Scharmützel hinter sich; er gilt als guter Staatslenker und noch besserer Militärstratege. Für sein Barcelona sieht er zwei große Probleme: Der Hafen versandet zu schnell und bremst dadurch den Handel bzw. die internationale Schifffahrt. Vor allem die tief liegenden Karavellen können oft nicht richtig beladen werden. Jaume lässt deswegen über Jahrzehnte die Hafeneinfahrt bis zur Mole am heutigen Passeig de Colom von Schiffen mit Seilwinden ausbaggern. Außerdem ordert er in den Werften, den Vorgängern der berühmten *Drassanes Reials (▸ G 7)* hinter dem Kolumbus-Denkmal **21** *(▸ G/H 6)*, Kriegsschiffe mit weniger Tiefgang.

Sein zweites großes Problem sind die Mauren, die immer noch in Valencia und vor allem auf den Balearen herrschen und den Seehandel empfindlich stören. Da die größeren Schiffe mit Kurs aufs weite Mittelmeer noch nicht dicht am Wind segeln und somit Mallorca, Menorca und Ibiza nicht umfahren können, machen die Kaufleute von Barcelona Druck.

Auch König Jaume I will es jetzt wissen: Mit den Goldmünzen reicher christlicher und jüdischer Handelshäuser sowie mit militärischer Hilfe aus Aragón, Marseille und Tarragona stellt er 1229 eine Flotte aus 500 Schiffen mit 1000 Matrosen und über 5000 Soldaten zusammen und greift die Mauren auf den Balearen an. In nur fünf Jahren hat er 1234 die Araber nach über 300-jähriger Herrschaft von den Inseln vertrieben. So rühmt sich der Conqueridor selbst: *»Als ich Mallorca eroberte, da gelang mir mit Gottes Hilfe die ruhmreichste Waffentat, die ein Mensch in den vergangenen hundert Jahren vollbracht hat.«* Das ist gar nicht mal übertrieben. Dann schickt sich der siegestrunkene Jaume 1234 an, Sardinien zu erobern, und er siedelt danach katalanische Verwalter und Bauern an der Nordwestküste der Insel an. Noch heute sprechen die sardischen Einwohner von Alghero Català.

*Heute stehen die Drassanes Reials unter Denkmalschutz. Seit 1941
beherbergen sie das Museu Marítim.*

Ab 1236 jagt er die Mauren auch noch aus Valencia davon. Genua,
Sizilien und Neapel ergeben sich Barcelonas Übermacht bis ins
18. Jh. hinein. Sogar Athen bittet um Hilfe aus Barcelona – und
ordnet sich unter.

Das »mare nostrum« ist nun Barcelonas Handels- und Herr-
schaftsimperium. Das katalanische Königreich erstreckt sich von
der Provence über Barcelona bis nach Valencia. Seine Schiffe können ungehindert bis Byzanz fahren, 80 katalanische Konsulate
werden im Mittelmeerraum eröffnet, Barcelonas Gesetze gelten
als internationale Rechtsbasis. Matrosen und Kaufleute tragen das
Català rund um das Mittelmeer. Die Sprache ist es, die in den
nächsten 250 Jahren die katalanische Nation ausmacht. Wichtigs-
ter Identitätsstifter ist der Poet, Philosoph und christliche Vor-
denker Ramón Llull, der mit seinen Schriften sogar den deutschen Philosophen Gottfried Wilhelm Leibniz beeinflusst.

Llulls Eltern hatten König Jaume die Kriege vorfinanziert; sie bekamen dafür große Ländereien auf Mallorca. Ihr Sohn Ramón wird in der zweiten Hälfte des 13. Jh. der wichtigste Berater für Jaume I bis zu dessen Tod im Jahr 1276.

Der Herrscher ordnet zuvor sein reiches und mittlerweile friedliches Barcelona. Den starken Handwerkerinnungen und der noch mächtigeren Handelsbourgeoisie gesteht er um 1250 autonome Verwaltungsrechte zu und entmachtet dadurch den Adelsstand wie auch die Kirche. Er gründet den Rat der Hundert, den »Consell de Cent«, der die Corts berät, ein von allen steuerzahlenden Bürgern gewähltes Parlament. Als kontrollierendes Verwaltungsorgan mit Gesetzgebungsrechten installiert er zudem die Gencralidad.

JAUME I ZEUGT MINDESTENS 13 KINDER

Als er auch noch um 1272 das »Consolat de Mar«, den Meeresrat, in etwa vergleichbar mit dem Internationalen Seegerichtshof in Hamburg, mit Barceloner Gesetzesnormen einsetzt, hat er für ganz Europa wegweisende demokratische Rechtsnormen geschaffen. Was seine Nachkommen betrifft, so ist dieser Mann ebenfalls sehr erfolgreich. Mit drei Ehefrauen und etlichen Geliebten zeugt er mindestens 13 Kinder.

Dieser große katalanische König steht heute, in Marmor verewigt, auf der nach ihm genannten weiträumigen Plaça direkt vor dem gotischen Palast des Stadtparlaments. Mit stolzem Blick wacht Jaume I über den Eingang zum Stadtrat, der seit 1982 ununterbrochen mit linker Mehrheit regiert. Gegenüber erhebt sich der gotische *Palau de la Generalitat* **26** *(▸ G 5)*, in dem das eher konservativ gewählte Landesparlament Cataluñas tagt. In diesem politischen Spannungsfeld feiert die Harmonie wahre Triumphe, alljährlich beim Rosenfest, das am 23. April zu Ehren des katalanischen Schutzpatrons, des Drachentöters Sant Jordi, stattfindet. Jeden 24. September berauscht sich hier die Stadt zu Ehren ihrer Patronin Mercé bis tief in die Nacht hinein.

Jeden Sonntag ab 18.30 Uhr treffen sich die Einheimischen zu einem uralten schlichten wie anrührenden Ritual. Sie bilden einen weiten Kreis und tanzen zu den Klängen von Holzbläsern die Sardana, über die der katalanische Musiker Pau Casals geschrieben hat: *»Das Symbol dieses Tanzes besteht darin, sich in vollkommener Harmonie und Gleichheit die Hände zu reichen. Diese Normen verweisen auf die tiefsten Grundlagen unseres Charakters, denen wir immer treu bleiben sollten.«*

Von seinem Denkmalsockel schaut Jaume I herunter, in seiner Krone steckt meist eine Rose, die ihm jemand verehrt hat. Es bedarf dabei gar nicht mal einer überbordenden Fantasie, um zu sehen, wie der König seinen Sardana tanzenden Katalanen zunickt. Er ist einer von ihnen.

CATEDRAL DE LA SANTA CREU `10` ▸ *G 5*
Plaça de la Seu, Barri Gòtic
www.catedralbcn.org
▸ Metro: Jaume I

MUSEU MARÍTIM `24` ▸ *G 7*
Av. de les Drassanes, Barceloneta
www.mmb.cat
▸ Metro: Drassanes

PALAU DE LA GENERALITAT `26` ▸ *G 5*
Plaça Sant Jaume, Barri Gòtic
www.gencat.cat/generalitat
▸ Metro: Jaume I

CRISTÓBAL COLÓN

1451–1506

Er wollte eine Seeroute nach Indien entdecken und veränderte damit die Welt. Seine Rückkehr wurde in Barcelona triumphal gefeiert. Bis heute ist er ein Säulenheiliger – im wahrsten Sinne des Wortes.

Blauer Himmel, die Sonne strahlt über dem Hafen von Barcelona. Es ist der 2. April 1493, vormittags. Unzählige Fischer- und Ruderboote fahren der unter Segel einlaufenden zweimastigen Karavelle »Pinta« entgegen. Sie ist für die damalige Zeit ein großer Pott. Nicht so groß wie die vor Haiti havarierte »Santa María«, aber immerhin: 75 Tonnen schwer, 24 Meter lang, sieben Meter breit, mit 26 Mann Besatzung und reicher Ladung an Bord.

Ihr Kapitän blickt zum Ufer. An der Kaimauer vor der *Carrer de Pau* wartet eine riesige Menschenmenge und ein hochrangiges Empfangskomitee mit Trommlern, Fanfaren und kaminrotem Teppich. Davor zwei Thronsessel, auf denen Spaniens mächtige Reyes Católicos, die Katholischen Könige *Isabel I de Castella* und *Ferran I d'Aragó*, sitzen. Beide sind 41 Jahre alt, seit 17 Jahren verheiratet und haben erst vor gut einem halben Jahr bei Granada die letzten Araber nach über 700 Jahren Besatzungszeit endgültig von der Iberischen Halbinsel gejagt.

Der Seefahrer Cristóbal Colón. In seiner italienischen Heimat heißt er Cristoforo Colombo. Hier eine Illustration aus dem Jahr 1825.

Weil sie nun die leeren Kriegskassen füllen müssen, sind sie zu den reichen Handelshäusern der Katalanen gereist, denen Ferran nicht nur als König, sondern auch als Graf von Barcelona vorsteht. Das trifft sich gut, denn auch der Capitano der »Pinta« braucht die Pracht der mächtigen Hafenstadt als Background, um seinen Geldgebern, den Königen, Rechenschaft abzulegen über seine Weltreise und für neue Expeditionen zu werben.

Amerika-Entdecker Colón zeigt den Majestäten Isabel und Ferran
die Schätze seiner Reise, dargestellt von Victor A. Searles.

Deswegen fährt er – nach der eigentlichen Ankunft in Palos an
der spanischen Atlantikseite – mit der »Pinta« weiter nach Barcelona zum großen Showdown mit König und Königin.

Cristóbal Colón (Christoph Kolumbus), nur ein Jahr älter als
die Finanziers seiner Mission, klettert von der »Pinta« über eine
Strickleiter hinunter auf ein Ruderboot und steigt dann die breite
Treppe an der Mole neben der großen *Drassanes-Werft* *(▸ G 7)*
hinauf. Als er vor den Königen niederkniet, die er bis heute an
Weltruhm überragt, erheben sich Isabel und Ferran und umar-
men den Heimkehrer. Niemand ahnt, dass Colón nicht Indien
und China entdeckt hat, sondern die Neue Welt Amerika, die
künftigen Kolonien Bahamas, Kuba und Hispaniola, heute Haiti
und Dominikanische Republik.

Der Hofstaat und der katalanische Adel applaudieren. Alle sind
mächtig neugierig auf die Schiffsladung. Am noch kühlen Morgen

des 3. April marschiert Colón hinter Würdenträgern und Fahnen schwingenden Offizieren vom Hafen aus die Moll de Bosch entlang und die Via Laietana hinauf bis zur Plaça del Rei. Hinter ihm schleppen Matrosen Säcke voll Korn, Mames, einer Kartoffelart, Aloe, Kokosnuss und Tabak. Ein vielstimmiges, erstauntes »Olé« hört man aus der Menschenmenge, als sich am Ende der »Colónne« sechs Indios mit Nasen- und Ohrringen dahinschleppen, alles Männer. Die Frauen und Kinder der karibischen Sklaven sind auf der Seefahrt am Fieber gestorben.

Im Angesicht der mächtigen Kathedrale bekreuzigt sich Colón dreimal und betritt dann den in römische Stadtmauern eingefügten Königspalast. Im *Saló del Tinell* (▸ G 5) mit seinen sechs überdimensionalen Rundbögen zeigt er den Majestäten seine Schätze: Gewürze, Papageien, Schlangenhäute, Tabakblätter und Stickereien. Er wird vom Königspaar zum »Almirante del Mar Oceano« und Vizekönig der Karibik ernannt; das hatte er vor Beginn der Expedition in langwierigen Verhandlungen so vereinbart. Dann geht ein Raunen durch den Saal, als er die eigentlich ersehnte Ware ausbreitet: den Goldschmuck der Indios und einige Goldkörner samt golddurchzogenen Gesteins.

WO WAR DAS GOLD, WO DER REICHTUM?

War das schon alles? Wo sind die Goldklumpen, die große Beute? Colón schwört, dass er von seinen nächsten Reisen den wahren Reichtum in Form von Gold und Geiseln nach Spanien bringen wird. Was ihm nicht gelingen sollte. Die goldreichen Kolonien Mexiko und Peru werden erst später spanisiert.

Kolumbus macht zwischen 1492 und 1504 insgesamt vier Reisen in die Neue Welt. Sie kosten viele Tausend Menschen das Leben, fast ausschließlich das der eingeborenen Indianer. Bei seinen Expeditionen verliert der Entdecker neun Schiffe, was in Spa-

29

nien seinen Mythos als genialer Seefahrer nachhaltig beschädigt. Er wird zwar wohlhabend, doch der erhoffte Reichtum bleibt aus. Nach einem schier endlosen Finanzstreit mit der spanischen Krone zieht sich Kolumbus verbittert nach Vallodolid zurück, wo er am 20. Mai 1506 im Alter von 55 Jahren stirbt. Als Todesursache nennen einige Historiker Diabetes. Andere Quellen behaupten, er sei an einer Syphilis-Erkrankung, die er sich in der Neuen Welt zugezogen habe, gestorben.

Die anschließende Odyssee seines Leichnams gleicht einer absurden Allegorie seines Lebens: Kolumbus wird zunächst in *Sevilla* beigesetzt. 1542 lässt ihn sein Sohn Diego nach *Santo Domingo*, heute Hauptstadt der Dominikanischen Republik, überführen, nach Hispaniola, das Cristóbal Colón cntdcckt hat. Dort bleibt er bis 1795. Nachdem Frankreich die Insel zu seiner Kolonie gemacht hat, kommen Kolumbus' Gebeine in die Kathedrale von *Havanna* auf Kuba. Erst 1898 kehrt der Entdecker endgültig zurück nach *Sevilla*.

SEVILLA BREMST BARCELONA AUS

Eine weitere Ironie der Geschichte: Die Katholischen Könige bestimmen bald nach Kolumbus' erster Amerikareise *Sevilla* als Monopolhafen für die Neue Welt. Das bremst Barcelona als stärkste Handelsmacht im Mittelmeer die nächsten 300 Jahre kräftig aus. Das Königreich Catalunya zerfällt, bleibt aber Grafschaft. Doch erst als Cádiz 1712 und dann Barcelona 1778 das *Sevilla*-Monopol knacken, werden die katalanischen Großkaufleute durch Schifffahrt und Handel mit den Kolonien wieder unendlich reich und gedenken dankbar des großen Entdeckers Cristóbal Colón.

Im Großbürgertum Barcelonas glaubt man mit dem ureigenen Nationalstolz sowieso, dass der gebürtige Genueser (ital. Cristoforo Colombo) Katalane sei. Und man will das auch zeigen.

Kolumbus-Denkmal: Auf einer schlanken Säule (links) steht Cristóbal Colón auf der Plaça del Portal de la Pau und weist aufs Meer.

Zur ersten Weltausstellung 1888 baut die Finanz-Schickeria ihm zu Ehren genau dort ein Denkmal, wo er 1493 nach seiner Amerikareise Barcelona betrat. Am südlichen Ende der Ramblas steht auf einem 53 Meter hohen Sockel die sechs Meter große Bronzestatue **21** *(▸ G/H 6)*. Mit fast 60 Metern Höhe ist es das weltweit größte von insgesamt 64 Kolumbus-Denkmälern. Bei der Einweihung 1888 erstrahlte zu Coloms Füßen der erste Straßenzug Barcelonas, der Passeig de Colom, in elektrischem Licht.

Am 17. Mai 1947 wären hier die Lichter beinahe ausgegangen. Spaniens Diktator, Caudillo und Generalissimo Francisco Franco, verlässt gegen 11 Uhr am Dock San Bertrán den Kreuzer Miguel de Cervantes. Er führt im ungeliebten weil republikanischen Barcelona im offenen Wagen eine Parade an, die ihn am Passeig de Colom vorbei die Via Laietana hinauf bis zur Kathedrale führt. Auf der erhöhten Löwenplattform am Fuße der Colón-Statue hat sich der Anarchist Domingo Ibars unter die heranbeorderte Menschenmenge und Claqueure gemischt, unter dem Arm eine Aktentasche mit einer selbst gebastelten Bombe. Doch in dem Moment, als Franco langsam vorbeifährt, läuft eine Schulklasse mit Blumensträußen direkt in die Wurfrichtung. Ibars lässt die Bombe wieder in der Tasche verschwinden.

Bis 1994 lag vor der Kolumbus-Statue **21** *(▸ G/H 6)* im Hafenbecken das für Filmaufnahmen in Originalgröße nachgebaute Flaggschiff »Santa María«. Doch während das Original 1492 vor Haiti strandete, verbrannte die Kopie gut 500 Jahre später und sank.

Dennoch bleibt heute viel zu entdecken rund um das Standbild des großen Entdeckers. Er zeigt uns gewissermaßen die Stadt und ihre Eigenarten. Zunächst fällt eine kleine Rache der katalanischen Mäzene am zentralistischen Madrid ins Auge: Colom weist Kastilien und der spanischen Hauptstadt den Rücken und deutet mit ausgestrecktem rechten Arm auf das Meer.

Den besten Überblick gewinnt man natürlich, wenn man mit dem Fahrstuhl im Innern der Säule hinauffährt zur erdkugeligen Aussichtsplattform. Im Umkreis sieht man die Seilbahn, die zum Montjuïc führt. Ein Nachbar der Statue ist das imposante klassizistische Zollhaus. Hier trifft die Geschichte auf die Moderne, denn hier hat man anlässlich der Olympischen Spiele 1992 den Hafen umgekrempelt und sich noch weiter zum Meer geöffnet. Eine hölzerne Rambla del Mar führt über eine wellenförmige Zugbrücke zum Maremagnum mit Meeresaquarium, Shoppingcenter, Fischrestaurants und Bars.

Gute 100 Meter in westlicher Richtung wurden in den *Drassanes Reials*, der königlichen Werft aus dem 14. Jh., zur Blütezeit der katalanischen Seemacht Galeeren und Segelschiffe sozusagen am Fließband gebaut. Es war die größte Werft am Mittelmeer, in der bis zu 30 Schiffe gleichzeitig gebaut wurden.

In den restaurierten gotischen Hallen mit ihren riesigen Rippen-bögen befindet sich heute das Museu Marítim `24` *(▸ G 7)*. Allein der Original-Nachbau der königlichen Galeere »La Real« füllt eine Halle. Unter dem Kommando von Don Juan de Austria war sie das Flaggschiff der christlichen Flotte, die am 7. Oktober 1571 bei der Seeschlacht von Lepanto den Sieg über das Osmanische Reich einfuhr.

Schließlich wandeln wir auf den Spuren des Entdeckers zum Königlichen Palast an der Plaça del Rei, die Ramblas hoch, dann rechts durchs Gotische Viertel, an der Kathedrale vorbei und an Zauberern, Blumenverkäuferinnen, Taschendieben. Dann liegt die Plaça del Rei vor uns, das schönste historische Platzensem-ble der Stadt. Ein zauberhafter Ort für sommerliche Konzerte katalanischer Künstler. Wir erblicken den grandiosen Wachturm Mirador del Rei Martí und den Palau del Lloctinent mit seiner gotischen Fassade und einem Renaissance-Innenhof.

Mittelpunkt der großartigen Kulisse ist der *Palau Reial Major* `29` *(▸ G 5)* mit dem gotischen *Tinell-Festsaal*, in dem Colón 1493 vor den Katholischen Königen die Schätze seiner ersten Amerika-reise ausbreitete. Niemand konnte damals ahnen, wie sehr dieser Mann die Welt veränderte.

MONUMENT A COLÓN `21` ▸ *G/H 6*
Am Ende der Ramblas, El Raval
▶ Metro: Drassanes

PALAU REIAL MAJOR `29` ▸ *G 5*
Plaça del Rei, Barri Gòtic
▶ Metro: Jaume I

ILDEFONS CERDÀ I SUNYER

1815–1876

Er plante die Stadt der Zukunft. Großzügig, ästhe-
tisch, human. Jedermann sollte sich das neue Viertel
leisten können – eine schöne Utopie. Barcelona ver-
dankt ihm ein einzigartiges Anschauungsmodell.

S ein Blick ist skeptisch. Er stützt sich auf einen Stock und trägt einen mächtigen Schnauzbart. Streng und unnahbar sieht er aus auf dem Gemälde im städtischen Museum. Eigentlich ist Ildefons Cerdà i Sunyer ein bienenfleißiges Strichmännchen. Er zeichnet wie besessen mit dem Lineal. Lange Geraden, rechte Winkel, breite Diagonalen, außerdem topografische Elemente. Was dabei herauskommt, ist meist ein filigranes Kunstwerk auf Papier. Das von 1859 zeigt den Amtsstempel der Cortes Generales, des katalanischen Landesparlaments, sowie das Siegel des Grafen von Barcelona. Über allem steht »Eixample«, was in der katalanischen Sprache so viel wie Ausdehnung, Ausbau, Erweiterung heißt. Als dieses Dokument in Stein realisiert wird, entsteht in der zweiten Hälfte des 19. Jh. eine neue Stadt oberhalb der Altstadt, geplant für 800 000 Bewohner: die *Eixample*, immer noch der prachtvollste Stadtteil Barcelonas.

Die zu der Zeit größte Baustelle Spaniens erlöst zwischen 1860 und 1900 das industriell boomende und übervölkerte Barcelona

Der Bauingenieur und Städteplaner Ildefons Cerdà i Sunyer, dargestellt auf einem Porträt von Ramon Martí Alsina (1826–1894).

aus der Enge alter bourbonischer Stadtmauern und bietet dem Stadtplaner und Visionär Ildefons Cerdà die Plattform, der sozial und ökonomisch verunsicherten Gesellschaft eine lebenswertere Wohngegend, die *Eixample*, zu bauen. Doch der Optimismus des Menschenfreundes und Sozialisten Cerdà sowie seine großzügigen Baupläne werden durch Spekulanten und katalanische Politiker empfindlich gestört. Andererseits gestalten die besten

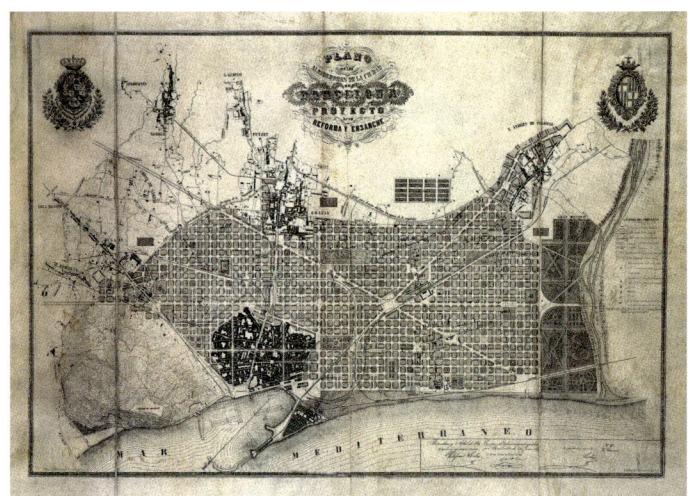

*Ildefons Cerdàs Plan von der Eixample ist mit seinen Geraden
und Diagonalen ein filigranes Kunstwerk.*

Modernisme-Architekten wie *Gaudí, Montaner* und *Cadafalch*
das neue Viertel mit ihren Jugendstilpalästen zu einem weltweit
einmaligen Gesamtkunstwerk.

Ildefons wird am 23. Dezember 1815 im großbürgerlichen
elterlichen Landhaus in Centelles bei Barcelona geboren. Sein
Vater ist ein liberaler Katalane, der sein Geld im Im- und Export
mit den spanischen Kolonien macht, ein sogenannter »Indiano«
oder »Cubano« also. Mit 18 kommt Ildefons an die Universität
von Barcelona und belegt Architektur, Mathematik und Schiffbau, im Nebenfach Philosophie und Zeichnen. Ein langes Studium generale, das er 1841 als Straßenbauingenieur beendet. Das
Erbe seines 1844 verstorbenen Vaters ermöglicht ihm ein eigenes
Architektur- und Ingenieurbüro.

Cerdà kennt die Probleme Barcelonas um die Jahrhundertmit-
te ganz genau. Das Königshaus in Spaniens Hauptstadt Madrid will

die katalanische Metropole klein halten. Die verhassten Stadtmauern – vom Meer aus rund um die Altstadt, nämlich Raval, Gòtic, Antic und Ribera links und rechts der Ramblas bis zur Plaça de Catalunya hinauf – zwängen über 200 000 Bürger in enge Gassen und unwirtliche Wohnungen. 350 Menschen pro halbem Hektar, doppelt so viel wie in Paris, nur fünf Quadratmeter Wohnfläche pro Kopf, rechnet Cerdà aus. Kanalisation und sanitäre Anlagen sind katastrophal; Cholera- und Typhusepidemien breiten sich aus. Andererseits benötigen die Werften und die Textilindustrie immer mehr Platz. Die Arbeiter werden gnadenlos ausgebeutet, es herrschen Armut und Hungersnot. In den Jahren 1854 bis 1856 eskaliert die Situation: Es kommt zu Demonstrationen und Straßenkämpfen, Granaten gegen Polizeigewalt, Schüssen gegen die Reichen. Das Großbürgertum bekommt es mit der Angst zu tun, Madrid lenkt ein, die Altstadtmauern werden geschliffen.

Das ist die Stunde des Ildefons Cerdà. Er gewinnt gegen katalanische Konkurrenten die städtebauliche Ausschreibung. Er erstellt gesellschaftspolitische Statistiken über Familien mit oder ohne Kinder, über Arbeitslose, Einkommensstrukturen, soziale Bedürfnisse, durchschnittliche Lebenserwartungen sowie zu erwartende Zuwandererzahlen aus der Region und führt danach ab 1860 seinen »Plan Cerdà« aus.

EIN MANN, EIN PLAN, EINE REVOLUTION

Die *Eixample* soll keine arme und keine reiche Gegend werden, mit Gasversorgung und Kanalisation für alle, mit privaten Gärten in den Innenhöfen (»Patios«) sowie breiten Palmen- und Akazienalleen. Grundstückskäufer sollen sogar die anteiligen Quadratmeter an Grünflächen, breiten Straßen und Plaças bezahlen. Die Kaufleute halten allerdings 20 Meter breite Straßen zwischen den Blöcken für reine Verschwendung und der 50 Meter breite

Passeig de Gràcia (▸ E 3) mit ihren vier Baumreihen geradezu für eine Sünde. Im mit Bankiers, Kaufleuten und Immobilienhändlern besetzten Stadtrat wollen sie den Plan »dieses Kommunisten« wieder kippen. Doch Madrid stützt ihn.

So zieht Cerdà seinen »Urbanismo«-Plan durch: Wo die alten Mauern standen, lässt er rund um die Altstadt breite Straßen ziehen, die heutigen Rondas. Nordwestlich davon in Richtung Tibidabo-Berg liegen nur ein Pferdewagenweg und eine Eisenbahnlinie entlang der heutigen *Rambla de Catalunya* **31** *(▸ E 4)*. Die führt zu den Sommerresidenzen der Bourgeoisie in den Dörfern Sarriá, Sant Gervasi, Gràcia und Horta, heute allesamt bebaute Stadtteile. Dazwischen ist nur felsiges Brachland. Ein Gebiet, größer als Grünwald bei München, Charlottenburg in Berlin oder Harvestehude in Hamburg. Über diese neun Quadratkilometer große Fläche legt Cerdà ein Gitternetz mit schachbrettartiger Blockbildung. Eine Bauklötzchen-Planung mit 550 quadratischen Gebäudeblocks. Jeder einzelne misst exakt 113,33 Meter auf allen vier Seiten und eckt nicht im 90-Grad-Winkel ab, sondern wird auf einer Seite von acht bis zehn Metern um 45 Grad abgeflacht. Solche schrägen Straßenecken heißen auf katalanisch »xamfràns« (ausgesprochen »schamfranz«) und bieten bis heute viel Platz für Fußgänger und eine bessere Sicht für abbiegende Autofahrer. Nur eine einzige diagonale Straße durchbricht von Ost nach West das riesige Planquadrat: Die *Avinguda Diagonal (▸ A 3–H 1)* ist bis heute die Hauptverkehrsader in beide Richtungen.

Nach dem revolutionären Plan Cerdàs sollte jeder Block im *Eixample*-Viertel nur vier Etagen hoch sein und jeweils einen grünen Innenhof haben. Bäcker, Schuster, Tischler, Krämer und Kerzenmacher sollten dicht verteilt ihre Geschäfte im Parterre führen. Wie ein Magnet lockt die neue Stadt ab 1865 viele Neureiche an. Sie treiben die Preise und somit auch die Etagen-Anzahl in der

*Luftbild des modernen Barcelona. Am Eixample-Grundriss von
Cerdà hat sich bis heute nicht viel geändert.*

Bebauung in die Höhe. Wer Eduardo Mendozas preisgekrönten
Roman »Die Stadt der Wunder« gelesen hat, kennt den gierigen
Spekulanten Onofre Bouvila zur Zeit der ersten Weltausstellung
in Barcelona und kann nachvollziehen, warum die *Eixample*,
sowohl das Esquerra wie das Dreta, also links und rechts des
Passeig de Gràcia, eher den Begüterten teilweise spektakulären
Wohnraum bietet.

DIE EIXAMPLE WIRD EIN VIERTEL DER REICHEN

Gegen Ende des 19. Jh. haben die großen Kaufmannsfamilien
wie Eusebi Güell nun endlich ihre Jugendstilpaläste, mit denen
sie ihren meist in Spaniens Kolonien erworbenen Reichtum zur
Schau stellen können. Am höfischen Zeremoniell des spanischen
Königshauses in Madrid sind die katalanischen Großbürger ja
nicht sehr willkommen. Also schaffen sie sich im *Eixample* ihre

eigenen Schlösser und Prachtboulevards. Die Modernisme-Glanz-stücke am *Passeig de Gràcia* und zur *Rambla de Catalunya* 31 *(▸ E 4)* hin haben große Fenster, Veranden aus Glas und Balkone. Von den *Casas Amatller* 7 *(▸ E 3)*, Milà, Batlló oder Morera zeigt man sich oder schaut von oben herab zu, wie unten die Bourgeoisie flaniert. Wer hier nicht dabei ist, dessen Kurse stürzen an der Börse von Barcelona ab, heißt es. Diese rücksichtslose Zweck-entfremdung durch die Oberschicht bekommt der große Stadt-planer glücklicherweise nicht mehr mit. Als der Visionär Ildefons Cerdà am 21. August 1876 krank und völlig verarmt – weil er, so ein Chronist *»niemals ein Honorar für seine Pläne zur Stadtneu-gliederung bekommen hatte«* – in einem Sanatorium an der kan-tabrischen Atlantikküste auf dem Totenbett liegt, da stirbt auch sein Traum der grünen, sozial gerechten »Stadt der Zukunft«.

DIE EIXAMPLE – EIN TOURISTENMAGNET

Der Spanische Bürgerkrieg (1936–1939) zerstörte so gut wie gar nichts in den Barris der *Eixample*. Doch bis zum Tod des Diktators Franco 1975 hatte Barcelona auch kein Geld, um die Paläste, Straßen und Patios des einst mondänen Stadtviertels zu pflegen. Madrid presste die katalanische Hauptstadt wie einst zu Königszeiten steuerlich aus. Mietpreisbindungen taten ihr Übri-ges: Häuser verfielen, kostbare Jugendstilfassaden zerbröselten, viele Wohnungen wurden Büros. Barcelonas Bürger entdeckten die einstigen Dörfer Gràcia, Sarrià, Pedralbes und Horta nord-westlich der *Eixample* mit moderneren Hochhäusern als ruhigere Wohnviertel. Erst in Vorbereitung zu den Olympischen Sommer-spielen 1992 verschönert die Stadt nicht nur die Hafengegend und das Barceloneta-Viertel, sondern auch die *Eixample*.

In 40 Patios hat man wieder Gärten angelegt, die Fassaden der Modernisme-Paläste restauriert. Rund 400 000 Menschen wohnen heute hier. Die Straßen sind voller Geschäfte, guter Restaurants und Tagesbars, das Viertel wird täglich von Tausenden von Touristen sowie Kunst- und Architekturstudenten fotografisch durchforstet. Wer im Sommer zu später Stunde in den Cafés unter den Linden der *Rambla de Catalunya* **31** *(▸ E4)* sitzt, kann den Catwalk der schönsten Transvestiten in Frauenkleidern bewundern.

Und das Prachtstück der *Eixample*, der *Passeig de Gràcia*, zeigt seine beiden Gesichter: einerseits eine elegante Flaniermeile, andererseits eine beeindruckende, aber kalte Show-Avenue, die sich immer weniger Anwohner leisten können. Im Gegensatz zu den vielen originellen kleineren Boutiquen im gotischen und antiken Viertel östlich der Ramblas protzt der Gràcia-Boulevard mit den üblichen Nobel-Shops. Zwischen Plaça de Catalunya und der *Diagonal* glänzen die Schaufenster für Prada, Gucci, Zara, Hermès, Armani, Escada und so weiter, der Quadratmeter für die gemietete Werbefläche für 50 bis 70 Euro. Die berühmtesten Jugendstilpaläste, Hausnummern 33 bis 45, sind von der Barclay's Bank, einem Juwelier und der katalanischen Nobelmarke Loewe besetzt, dazwischen und gegenüber edle Fast-Food-Ketten baskischer Tapas-Restaurants. Nicht gerade das, was sich einst Ildefons Cerdà erträumte. Aber das, was heute Barcelona dennoch lebenswert erscheinen lässt, falls man es im Sinne des zeitgemäßen Lifestyles interpretiert. Eben »seny« und »rauxa« – Kunst und Genuss.

CASA AMATLLER **7** *▸ E3*
Passeig de Gràcia 41, Eixample
▶ Metro: Passeig de Gràcia

RAMBLA DE CATALUNYA **31** *▸ E4*
Eixample
▶ Metro: Diagonal, Passeig de Gràcia

EUSEBI GÜELL

1846–1918

Er war ein steinreicher Industrieller und Mäzen, ein Kapitalist mit sozialistischen Ideen. Für seine Zukunftsvisionen setzte er sein schier unerschöpfliches Kapital ein – und einen genialen Freund.

D ies ist die Geschichte von Ausbeutung und Mäzenatentum, von Mord und Totschlag, von Sklavenhandel und Fortschrittsglauben. Und von einer lebenslangen Männerfreundschaft zwischen einem Großindustriellen und einem noch größeren Künstler, von Geld und Genie. Sie spielt in Barcelona und dreht sich um den Senator, Konzernchef und Grafen, geadelt von Spaniens König Alfons XIII., dem Großvater des heutigen Regenten Juan Carlos. Es geht um Eusebi Güell i Bacigalupi. Der zweite Familienname steht für die Familie seiner Mutter, italienischer Adel aus Genua.

Die Person Güell versteht nur, wer sich dessen Vorfahren und seinen Geburtsort im 19. Jh. vor Augen führt: Seit 1765 profitiert die Hafenstadt vom königlichen Verdikt, wonach Barcelona neben Sevilla und Cádiz Handelsschiffe in die spanischen Kolonien Kuba, Puerto Rico, Santo Domingo, Peru, Ostindien und Äquatorial Afrika schicken darf. Katalanische Kaufleute werden mit dem Handel von Seide, Gewürzen, Tabak und Sklaven steinreich –

Großkapitalist, Visionär und Menschenfreund: Eusebi Güell.
Mit seinem Geld schuf er bleibende Werte.

sogenannte »Indiano«- oder »Cubano«-Dynastien, zu denen auch
Eusebis Vater *Joan Güell* gehört. Als die Stadtverwaltung des über-
bevölkerten Barcelona 1848 ein Gebiet zwischen dem damaligen
Dörfchen Sants, heute unterhalb des Barça-Stadions gelegen,
und dem Riu Llobregat als Industriefläche freigibt, kauft sich
Joan Güell direkt am Fluss eine große Parzelle für wasseraufwen-
dige Textilfabriken. Güells Fabrikanlage »El Vapor Vell« (»Alter

Der Parc Güell wurde von Gaudí geplant und von Güell finanziert.
Heute ist er eine unverzichtbare Attraktion für Barceloner und Touristen.

Dampf«) ist nur eine von vielen Industrieanlagen, die Zigtausende Arbeiter aus Andalusien lockten. Damals wie heute gelten für arrogante Katalanen die einfachen Andalusier als »moros«, als »die aus Afrika«.

Am Hafen und in Sants entsteht ein neues Proletariat. Nur hat die neue Arbeiterklasse von Barcelona keinen Friedrich Engels als Posaunisten gegen den Kapitalismus. Barcelonas unterdrückte Proletarier, ohne starke gewerkschaftliche Organisationen und schlecht bezahlt, gehen auf die Straße, plündern und zerstören Spinnmaschinen. Beim Generalstreik 1855 ermorden Demonstranten am 2. Juli direkt vor dem Fabriktor des »Vapor Vell« die beiden Mitgesellschafter von *Joan Güell*. Der flieht mit seinem achtjährigen Sohn Eusebi nach *Nîmes* und erklärt ihm bei langen Spaziergängen durch die Parks die Weltlage. Nach diesen Unruhen verlegt Papa Güell seine Geschäftsinteressen: Er beteiligt sich am Eisenbahnbau, wird Mitgesellschafter am Bau des Jahrhundertkanals d'Urgell und Direktor der größten katalanischen Bank, der heutigen »Caixa«. Als er 1872 stirbt, ist die Güell-Dynastie steinreich. Vater Joan hinterlässt seinem einzigen Sohn Eusebi ein Vermögen von über fünf Millionen Peseten, umgerechnet circa eine Million Gold-Dollar, heute etwa 100 Millionen Dollar wert.

Der 36-jährige Eusebi Güell ist in den Jahren zuvor im familiären Stadtpalast in der *Rambla dels Caputxins 30 (▸ G 6)* wohlbehütet aufgewachsen. Er hat schon als Kind die Schere zwischen Arm und Reich hautnah erleben können. Zwar erhält er Privatunterricht in der Bibliothek und fährt mit der Familienkutsche zum Landsitz nach *Pedralbes*. Kann er aber mal durch das große Portal entwischen, so begegnet er links und rechts der Ramblas vor allem Dreck und Armut, Revoluzzern, Bettlern und Prostituierten. Schräg gegenüber steht das Cabaret-Bordell »Eden Concert«.

Güells Sinne sensibilisieren sich für soziale Probleme. Als er sein Erbe antritt, da hat er in Barcelona Politik, Kunst, Theologie und Ökonomie studiert. Er reist nach London und Paris zu Sprachstudien, nach Kuba und Nîmes, um industrielle Führung zu praktizieren. Mit dem Vermögen erbt er auch den Unternehmergeist der Familie und investiert in Schiffbau, Stahl, Portlandzement, einheimisches Gas und in Caixa-Aktien.

EIN HERZ FÜR »SENY« UND »RAUXA«

Sozial sensibilisiert, gläubig, weit gereist und humanistisch gebildet, wird Eusebi Güell zu einem »molt senyoral«, wie Barcelona ihn heute noch betitelt, zu einem Grandseigneur, mit Herz für »seny« und »rauxa«. Er wird größter Kunstförderer der Stadt und wirkt auch als politischer Visionär, was die rechtliche und finanzielle Absicherung seiner Arbeiter angeht. Ein großer Mäzen, ähnlich wie einst Krupp mit seinen Arbeitersiedlungen in Essen oder wie heute der Software-Milliardär Bill Gates mit seinen Afrika-Stiftungen.

Ein fast drei Meter hoher Glasschrank mit einem schmiedeeisernen Ornament oben und Mahagonistützen unten drunter erregt die Aufmerksamkeit von Eusebi, als er 1878 anlässlich der zweiten Pariser Weltausstellung den spanischen Pavillon besucht. Er erkundigt sich nach dem Schöpfer dieses skurrilen Kunstwerkes – und trifft bald darauf *Antoni Gaudí* in Barcelona. Da ist Güell 32 Jahre alt, Gaudí 36. Es funkt sofort zwischen den beiden.

Bei gemeinsamen Gottesdienstbesuchen, vielen Besichtigungen der ersten Bauarbeiten an der Sagrada Família **38** *(▸ G 1)* und 50-minütigen Kutschfahrten – Güell immer mit schwarzem Zylinder – von den Ramblas bis hinauf zur *Finca Güell* in Pedralbes lernen sie sich achten. Gaudí schätzt insbesondere den Reichtum seines lebenslangen Mäzens und dessen Kontakte zu anderen großbürgerlichen Auftraggebern. Güell bittet ihn 1884 um die Errichtung einiger Pavillons und des Eingangstors zur *Finca Güell* mit den Worten: *»Du kannst ausgeben so viel Du willst, Hauptsache, es wird schön.«*

Gaudí wirft beim Bau der Finca Güell nicht nur mit Peseten um sich, sondern mit allem kreativen, technischen und künstlerischen Know-how, was das junge Jugendstilgenie zu bieten hat. Eine Umfriedungsmauer voller Mosaikmuster, ein Pferdestall mit parabolförmigen Bögen und ein achteckiges Pförtnerhäuschen gehören zu seinen originellen Frühwerken. Wer aber heute die *Diagonal* in westlicher Richtung stadtauswärts bis zur *Avinguda de Pedralbes no 7* fährt, traut beim Anblick des Haupteingangstores seinen Augen nicht. Da steht ein Fantasiegebilde aus bunten Kacheln, märchenhaften Keramikmustern und einem schmiedeeisernen Drachen, der mit seinem riesigen Maul und gespreizten Flügeln echt furchterregend wirkt. Beim Öffnen des Tores

*Das Drachentor an der Finca Güell. Hier konnte sich der Architekt
Gaudí austoben, Eusebi Güell zahlte, ohne zu murren.*

bewegen sich auch heute noch seine Klauen. Ein Portal wie der
Eingang zum Jurassic Park. Mit dem Ausbau der Diagonal stadtauswärts wird das Gelände in den 90er-Jahren des 20. Jh. geteilt.
Die Pferdeställe dienen heute der Universität Barcelona als König-
licher Gaudí-Lehrstuhl für Architekturstudenten.

Obwohl mit Gaudí eng befreundet, plant Eusebi Güell 1885
seinen neuen Familiensitz nicht wie Barcelonas Oberschicht im
Stadtteil Eixample. Er bleibt seinen Ramblas treu. Gaudí soll den
Palau Güell **28** *(▸ G 6)* auf dem Grundstück neben dem Elternhaus
in der *Carrer Nou de la Rambla no 3–5* errichten. Er schafft eine
skurrile Mischung aus Festung und Fantasy-Schloss, mit einer
Fassade, die an einen venezianischen Palast erinnert und zwei
riesige Tore für die Einfahrt von Pferdekutschen bietet. Zentrum
ist eine Halle, drei Etagen hoch im maurischen Stil und mit einer
Kuppel gekrönt, die tagsüber eine Art Sternenhimmel hervor-

zaubert. Seltene Teakhölzer für Zimmerdecken und Treppen-aufgänge, blutroter Marmor für die Bäder, wild verschnörkelte Eisenfiguren zeigen den ganzen Modernisme-Reichtum. Bis 1936 wurde der *Palau* von der Familie Güell bewohnt. Während des Bürgerkriegs 1936 bis 1939 nutzen ihn die Republikaner als Kaserne und Gefängnis, Anarchisten verwüsten viele Inneneinrichtungen. Seit 1945 gehört der Palast der Stadt, wird, nunmehr als UNESCO-Weltkulturerbe, in den letzten Jahren gründlich restauriert.

DIE COLÒNIA GÜELL – EIN DORF FÜR ARME

Eusebi Güell bewohnt mit seiner Familie diesen Palast bis 1910, muss aber zum Ende des 19. Jh. in Barcelona große soziale Unruhen miterlebcn: Das Attentat auf den Wehrbereichskommandanten Campos, Anarchistenbomben im Opern-Olymp »Liceu« **16** *(▸ G 6)* und tödliche Attentate bei Fronleichnamsprozessionen bringen die beiden Humanisten Güell und Gaudí auf die Idee einer Mustersiedlung für Arbeiter. Neben den Fabrikgebäuden am Ufer des Llobregat beim Dorf Santa Coloma de Cervelló, zehn Kilometer westlich von Barcelona, entsteht die *Colònia Güell*, mit Wohnhäusern für über 1000 Menschen, Kindergarten, Schule, Bibliothek, Krankenhaus und siedlungseigener Kirche.

Die niedrigen Mieten werden vom Lohn abgezogen, im Genossenschaftsladen kauft man mit Gutscheinen ein. Inmitten des Proletarier-Dorfes steht eine unvollendete Kirche mit der weltberühmten, UNESCO-geschützten Krypta. Ein skurriles Gebilde mit schrägen Säulenformen, Kettenbögen und symbolischer Christenornamentik. Die Colònia Güell funktioniert bis zur Textilkrise 1973, heute ist es ein Museumsdorf.

Der Visionär Eusebi Güell vergisst bei aller Kunstbeflissenheit aber nicht das Geldverdienen und betätigt sich um 1900 als Immobilienhai, kauft ein 15 Hektar großes Areal nördlich der

Stadtteile Eixample und Gràcia und plant 60 Luxusvillen in einer Parklandschaft. Auch hier darf Gaudí seiner reichen Fantasie freien Lauf lassen. Vom schmiedeeisernen Portal an der *Carrer d'Olot* führt eine mosaikbesetzte kurvige Treppe an glucksenden Riesensalamandern und Wasserspielen vorbei zu einem Drachen-Pavillon mit einer Terrasse voller dorischer Säulen. Große, krummlinige Sitzbänke mit Mosaiken aus bunten Glasscherben und Bruchkeramik, im Volksmund »schönster Scherbenhaufen« genannt, gigantische Grotten und symbolträchtige Drachenskulpturen beleben die Parklandschaft.

Doch die Parzellen sind zu teuer, die Auflagen des Bauherrn Güell zu stringent. Nur zwei Häuser werden verkauft, Güell hat sich verzockt. Ein Glück, denn so kann die Stadt den Park 1922 kaufen und öffnet ihn als *Parc Güell* der Bevölkerung. Hier finden seitdem sagenhafte Popkonzerte und Dichterlesungen in den Pavillons statt. An schönen Wochenenden flanieren Tausende durch den Märchenpark, und manch einer gedenkt des Stifters Eusebi Güell und seines genialen Baumeisters Antoni Gaudí. Zwei Männer, die Fantasie und Glauben geeint haben.

COLÒNIA GÜELL
Santa Coloma de Cervelló, Hospitalet
▶ Schnellbus S3 ab Plaça Espanya

PALAU GÜELL 28 ▶ *G 6*
Carrer Nou de la Rambla 3-5, El Raval
www.palauguell.cat
▶ Metro: Liceu

PARC GÜELL
Carrer Olot, Pedralbes
www.barcelona-tourist-guide.com
▶ Metro: Lesseps

ANTONI GAUDÍ I CORNET

1852–1926

Er baute seine Träume und ließ seine überbordende Fantasie in Stein erstarren. So schuf der genialste Architekt der Welt bizarre Parks, Häuser und eine Kirche, die einem Tempel von Außerirdischen gleicht.

Seine Kleidung ist stets spartanisch und etwas kauzig. Ein seltsamer Mann geht da im abgetragenen schwarzen Anzug und weißen Hemd nach der Morgenmesse die Ramblas hinauf durchs *Eixample* bis ins Poblet-Viertel. Manchmal, wenn ihn das Rheuma zu sehr plagt, reitet er die Strecke auf einem Esel. Viele halten ihn für einen ausgehungerten Bettler, er trägt Filzpantoffeln mit Gummisohlen. Der Weißbärtige wirkt abwesend, Freunde erleben ihn auch schon mal depressiv. Ab 1909 zieht es ihn fast täglich zu seiner Baustelle, zur größten der wirtschaftlich blühenden, sich gerade modernisierenden Mittelmeer-Metropole Barcelona.

Um Zeit zu sparen, lässt er sich im Sommer 1914 gleich neben den Holzgerüsten und Seilwinden eine provisorische Schlafstätte mauern. Eine Baubude, zu kalt im Winter, angenehm kühl im Sommer. Aber so ist der exzentrische Architekt und ewige Junggeselle seiner 1893 begonnenen, unendlichen Baugeschichte noch näher. So kann er seinen christlichen Gönnern und neureichen

Der gläubige Architekt Antoni Gaudí, hier auf einem Foto von 1882, lebte nach einer gescheiterten Liebe wie ein zölibatärer Laie.

Sponsoren jederzeit die Arbeiten vor Ort zeigen. Die Rede ist von Barcelonas eigenwilligstem Genie und seiner »Predigt aus Stein«: von Antoni Gaudí und seinem Sühnetempel zur »Heiligen Familie«, der *Sagrada Família* **38** *(▸ G 1)*. Ein Kirchenbau, der ihn bis zu seinem Tod 1926 als religiöse Obsession verfolgen wird.

Seine Kindheit im ländlichen Raum rund 100 Kilometer südlich von Barcelona ist unbeschwert. Gaudí wird am 25. Juni 1852

Die Sagrada Família, Gaudís Hauptwerk, ist der vielleicht außergewöhn-
lichste Kirchenbau der Welt. Bis 2095 soll die Kathedrale fertig sein.

in eine Handwerksfamilie hineingeboren. Der Vater arbeitet als Kupferschmied, der Großvater als Töpfer und Kesselschmied. Zu Hause habe er das Gefühl für Raum und Form gewonnen, sagt Gaudí später. Schon früh wird der kränkelnde junge Mann zum Naturfreund, später auf ärztlichen Rat hin sogar Mitglied eines Wandervereins. Tiere, Bäume und Pflanzen finden wir in all seinen Arbeiten wieder.

Mit 20 beginnt Gaudí sein Architekturstudium in Barcelona. Bei der Abschlussfeier am 15. März 1878 überreicht ihm Professor *Elies Rogent* die Urkunde mit den Worten: *»Wer weiß, ob wir den Titel einem Verrückten oder einem Genie geben. Die Zeit wird es uns sagen.«*

Gleich bei seinem ersten Auftrag für zwei schmiedeiserne Gaslaternen auf der *Plaça Reial (▸ G 6)* tobt er sich in fantasievollen Formen aus dem Tier- und Pflanzenreich aus. Es folgen kleinere

Jobs für Statuen und Portale. Der technische Tüftler und kühle Rechner in ihm kann sich dann beim ersten Palastbau 1883 in der *Carrer de les Carolines no 24 (▸ C 1)* im Stadtviertel Gràcia bewähren: Sein Bauherr ist *Manuel Vicens*, ein reicher Fliesenfabrikant. Gaudí nutzt Restbestände der Keramikproduktion und entwickelt eine bunte Schicht aus glasierten Fliesen. Damit schmückt er die *Casa Vicens* auf drei Seiten mit blutroten, türkisblauen und blattgrünen maurisch-orientalischen Mustern. Außerdem produziert er seinem Bauherrn eine riesige Werbefläche, die so außergewöhnlich wirkt, wie es kein Plakat könnte. Die günstige Kosten-Nutzen-Rechnung verbunden mit Gaudís ausschweifender Kreativität des »Modernisme«, der katalanischen Jugendstilvariante, spricht sich unter den neureichen Kaufleuten herum. Die Großbürger Barcelonas suchen in dem noblen neuen *Eixample*-Viertel des Stadtplaners *Ildefons Cerdà* nach öffentlicher Selbstinszenierung durch Prachtbauten. Antoni Gaudí kann sich vor Aufträgen nicht mehr retten und wird selbst zum Großunternehmer.

Für seinen lebenslangen Förderer Eusebi Güell baut er 1885 den *Palau Güell* 28 *(▸ G 6)*, gleich am Anfang der Carrer Nou de la Rambla Ecke Rambla dels Caputxins. Hier wie auch in den Pavillons de la Finca Güell, Avinguda de Pedralbes, setzt Gaudí alle geometrischen Gesetze außer Kraft und schwelgt in schmiedeeisernen Drachentoren, parabolischen Fensterbögen, Säulenlabyrinthen und einer dreistöckigen mosaikreichen Kuppelhalle.

Doch den skurrilsten Einfall hat Gaudí um 1900 beim Bau des *Parc Güell* auf einem 15 Hektar großen, damals noch rundherum unbewohnten Gelände an der Carrer d'Olot. Hier speien überlebensgroße Echsen Wasser aus bunten Fliesen, laden mosaikverzierte Schlangen zum Sitzen ein und imponieren Pavillons im dorischen Stil. Es ist eine Art Disneyland des Jugendstils, heute Weltkulturerbe und beliebtes Wochenendziel der Barceloner.

BARCELONA

Gaudí erweist sich auch in Konkurrenz zu den beiden anderen Stars der Jugendstilarchitektur seiner Zeit, Josep Puig i Cadafalch und Lluís Domènech i Montaner, als wahrer Meister allegorischer Formen. Er baut dem Textilindustriellen *Josep Batlló* 1904 einen Palast wie aus 1001 Nacht, mit einer märchenhaft gestalteten Fassade wie ein Höhle, in der der Drachentöter Sant Jordi, der Schutzheilige Barcelonas, lebt. Die *Casa Batlló* 8 *(▸E 3)* konkurriert auf dem heute mit Nobelboutiquen gepflasterten *Passeig de Gràcia (▸E 3)* mit Hausnummer 43 in direkter Nachbarschaft mit den skurrilen Stadtpalästen der *Casa Amatller* 7 *(▸E 3)* (Nr. 41, von Cadafalch) und der *Casa Morera* (Nr. 35, von Montaner). Diese fantastischen Drei werden auch »La Mançana de la Discordia«, der »Block der Zwietracht«, genannt. Dabei ist jedes Objekt ein wundervolles Beispiel für den Modernisme.

CASA MILÀ – EIN FANTASTISCHER STEINBRUCH

Diese fantastischen Drei werden nur noch übertroffen vom »Steinbruch«, der »Pedrera«, wie die *Casa Milà* im Volksmund heißt. Sie steht drei Blöcke weiter oben auf der anderen Seite des *Passeig de Gràcia no 92* und gilt bis heute als weltweit fantasievollstes Wohngebäude und ist – naturalmente – von Gaudí. Die felsähnliche Silhouette mit den gewellten, unregelmäßig zueinander verschlungenen Balkonen und korallenförmigen Eisenverzierungen erinnert an Tropfsteinhöhlen und wilde Klippenküsten.

Die unzähligen, mit farbigen Tonscherben dekorierten Türmchen ganz oben auf der *Casa Milà* 9 *(▸E 2)* ähneln unserer deutschen Schornsteinarchitektur etwa so wie ein Flamencotänzer einem Schuhplattler. Die gewaltige Kaminlandschaft sieht so sanft geschwungen und schnecken-kreiselförmig aus wie manche Sandburg aus Kinderhand. Gaudí verwirklicht sich hier anno 1906 auch als Visionär: Er lässt eine Tiefgarage bauen und deswegen noch

Fantasie am Bau: Für einen Textilindustriellen errichtet Gaudí 1904 die Casa Batlló.

eine Säule entfernen, damit der Rolls-Royce des Bauherrn bequem zu bewegen ist. Eine spiralförmige, breite Rampen-auffahrt ermöglicht in den ersten drei Etagen das direkte Parken vor der Wohnungstür.

Der Steinbruch ist der originellste, aber auch letzte Prachtbau Gaudís, bevor er sich nur noch seiner *Sagrada Família* 38 *(▸ G 1)* widmet. Eine erzkonservative katholische Bruderschaft hatte ihm 1883 gerade wegen seines religiösen Eifers, aber auch wegen seiner strahlend blauen Augen den Bauauftrag erteilt. Doch die ersten 25 Jahre geht es nur schleppend voran, die Paläste für die Reichen sind für Gaudí zunächst die lukrativeren Spielwiesen. Doch zunehmend gehen ihm die reichen Freigeister Barcelonas auf die Nerven. Ab 1909 widmet sich der Büßer Gaudí nur noch seiner gotischen *Sagrada*.

Er kombiniert neueste technische Errungenschaften mit künstlerischem Sinn für Kubismus. Parabole und Hyperbole bestimmen sein Denken. Und Gott, der Überirdische! Der Mensch bewege sich zweidimensional, die Engel in einer dreidimensionalen Welt, sagt er. Die tragenden Säulen in seiner *Sagrada* plant er als Bäume. Jede Säule im Mittelschiff verzweigt sich nach oben und endet in einem Blätterhimmel. Über den Torbögen schweben flügellose Engel mit bronzefarbenen Trompeten. Gaudí investiert sein gesamtes Geld in den Büßertempel und muss trotzdem bei Sponsoren betteln gehen. Denn Barcelonas Bürgertum spendet der Kirche nicht mehr so viel. Die *Sagrada* halten sie sowieso für kitschigen Unsinn. Am Ende seines eremitischen Lebens hat der begnadete Utopist nur die Krypta, die Apsis, die gewaltige Weihnachtsfassade und einen der 18 skizzierten Türme fertiggestellt.

EINE TRAMBAHN ÜBERFÄHRT DAS GENIE

Als Antoni Gaudí i Cornet am 7. Juni 1926 nach seinem Morgengebet in der Kirche Sant Felip Neri auf dem Weg zu seiner *Sagrada*-Baustelle in Gedanken versunken die Gran Vía Ecke Carrer Bailen *(▸ G 3)* überquert, wird er von einer Straßenbahn erfasst. Ein Polizist findet keine Papiere im verschmutzten Anzug des Bewusstlosen, ein Taxifahrer lehnt den Transport des vermeintlichen Bettlers ab. Ein Krankenwagen bringt ihn dann ins Hospital de Santa Cruz. Drei Tage später stirbt er. Erst danach wird entdeckt, dass es sich um Gaudí, Spaniens größten Architekten aller Zeiten, handelt. Da erst trauert die ganze Stadt um ihn, beigesetzt wird er in der Kapelle der *Sagrada Família* **39** *(▸ G 1)*.

Die Unvollendete! Erst 1990 wird die Passionsfassade fertiggestellt. Heute stehen immerhin schon acht Türme, jeder einzelne mit Keramikmosaiken verkleidet, die ein biblisches Gebet abbilden. Zwei weitere sind im Bau, eingerüstet gen Himmel wie die Raketen von Cap Canaveral. So um das Jahr 2095 sollte der Bau dann 18 Türme haben. Ein frommer Wunsch? Zwölf für die Apostel, vier symbolisieren die Evangelien, ein Turm stünde dann für die Jungfrau Maria.

Der Höhepunkt der *Sagrada Família* soll bereits bis zu Gaudís 100. Todestag als monumentaler, 170 Meter hoher Kirchturm Jesus am Kreuz symbolisieren. Zukunftsmusik, die keinen religiösen Eiferer wie Gaudí als Antreiber hat, sondern weltliche Sponsorengelder benötigt sowie die Eintrittsgelder und Souvenirkäufe der täglich rund 4000 Besucher.

Bevor man an der *Plaça de la Sagrada Família* die Kathedrale mit dem Dom-Museum bei der Krypta und der Grabstatt von Gaudí betritt, sollte man sich die ganze suggestive Macht der Unvollendeten von außen vergegenwärtigen, entweder von den Cafés entlang der Avinguda de Gaudí aus oder über die Carrer de la Marina hinweg aus dem kleinen Park an der Plaça Gaudí heraus. Der Anblick dieses Monuments verführt jeden wie einst auch Salvador Dalí, Hundertwasser oder Joseph Beuys.

Und hätten sich Gaudí und der bayerische König Ludwig II. kennenlernen können – was wäre das für eine märchenhafte Gaudi für zwei genial verrückte Träumer geworden!

CASA BATLLÓ 8 ▸ *E3*
Passeig de Gràcia 43, Eixample
www.casabatllo.es
▶ Metro: Passeig de Gràcia

CASA MILÀ/LA PEDRERA 9 ▸ *E2*
Passeig de Gràcia 92, Eixample
www.lapedreraeducacio.org
▶ Metro: Passeig de Gràcia

CASA MUSEU GAUDÍ
Carrer del Carmel, Eixample
www.casamuseugaudi.org
▶ Metro: Lesseps

SAGRADA FAMÍLIA 39 ▸ *G1*
Plaça de la Sagrada Família, Sagrada Família
www.sagradafamilia.org
▶ Metro: Sagrada Família

PABLO PICASSO

1881–1973

Er war der größte Maler des 20. Jahrhunderts. Die Welt lag ihm zu Füßen. Am Ende seines reichen Lebens sagte er: »In Barcelona hat alles angefangen. Dort habe ich verstanden, wie weit ich gehen kann.«

Pablo Picasso kurz vor seinem Tod 1973 im südfranzösischen Mougins. Er ist 91 Jahre alt und immer mehr in seinen Jugenderinnerungen gefangen. Denn sein Aufenthalt in Barcelona ist für Pablo die prägendste Zeit, in charakterlicher wie auch in künstlerischer Hinsicht. Seine Geburtsstadt aber ist *Málaga*. Nachdem er am 25. Oktober 1881 in der andalusischen Metropole das Licht der Welt erblickt, taufen ihn seine Eltern *José Ruiz* und *María Picasso* auf den aussagekräftigen Namen *Pablo Diego José Francisco de Paula Juan Nepomuceno María de los Remedios Crispiano de la Santísima Trinidad Ruiz Picasso*.

So ein Name klingt katholisch, traditionsbewusst und verpflichtet … zu rein gar nichts. Heute wissen wir, dass Pablo Picasso weder christliche, nationale oder gar eheliche Werte hoch geschätzt hat.

Er kommt als 13-Jähriger mit seinen Eltern nach Barcelona und tobt sich hier von 1895 bis 1904 aus. Als ehrgeiziger Maler der Blauen Periode, als unpolitischer Anarchist ohne Gewaltbe-

Kräftige Statur, eindringlicher Blick: Pablo Picasso, 1933
fotografiert von Man Ray.

reitschaft, oft auch als alkoholisierter Selbstdarsteller in Partylaune. Letzteres insbesondere in der modernistischen Künstler-Eck-kneipe *Els 4 Gats* **12** *(▸ G 5)*. Die Barceloner Boheme feiert ihn als aufstrebendes Genie. Von der Stadt beeindruckt und künstlerisch geprägt, malt Pablo direkt nach seinem Abschied aus Catalunya in Paris eines seiner berühmtesten Bilder: »Les Demoiselles d'Avignon«, 1906.

*Das Museu Picasso in der Carrer de Montcada. In den mittelalter-
lichen Gebäuden hängen zahlreiche berühmte Werke des Künstlers.*

Im Interesse von Picasso müssen wir eine Legende sterben lassen:
Diese Damen aus Avignon stammen nicht aus der südfranzösischen Stadt, sondern sind das malerische Produkt aus der *Carrer
d'Avinyó (▸ H 6)* in Barcelonas altem Ribera-Viertel, damals das
dunkelste Rotlichtrevier, heute ein Shopping-Mekka. In dieser
d'Avinyó tummeln sich zu Picassos Zeiten vor allem Bettler und
Prostituierte. Pablos Revier ist auch die Straße seiner »Fräuleins
von d'Avinyó«. Es ist seine erste kubistische Arbeit, sie gilt als
Start einer neuen Kunstrichtung.

Heute zählen die drei uralten Viertel östlich der Ramblas –
Ribera, Gòtic und Antic – rund um Kathedrale und Plaça del
Rei zu den Szenevierteln mit Bars, Boutiquen und nostalgischen
Cafés. Als Picassos Eltern 1895 nach Barcelona ziehen, herr-
schen elende Lebensverhältnisse in diesen Gassen. Das Proletariat
streikt und demonstriert, Straßenhändler, Hafenarbeiter, Zuhälter,

Kurtisanensalons und Trinkstuben prägen das Bild, das Pablos Malerei beeinflusst. Sein Vater, ein eher mittelmäßiger Kunstprofessor und Zeichenlehrer, hat 1895 eine Anstellung an der Kunstakademie Real Acàdemia Catalana de Bellas Artes Sant Jordi *(▸ J 6)* im Passeig Isabel II gefunden. Sie befindet sich heute noch in der ersten Etage der Llotja, der mittelalterlichen Handelsbörse. Direkt nebenan, mit Blick auf den Hafen, zieht Familie Picasso in eine geräumige Wohnung in der *Carrer de la Mercè no 3 (▸ H 6)*.

DER VATER IST PROFESSOR DER KUNSTAKADEMIE

Pablo mit seinen 13 Jahren hat keine Probleme, mit dem Einfluss seines Vaters an der Kunstakademie aufgenommen zu werden. Schließlich malt er schon seit seinem siebten Lebensjahr mit Stift, Pinsel und Leidenschaft. Maler ist sein Berufsziel, aber die Professoren an Barcelonas Kunstakademie können ihm nach einem Jahr nichts mehr beibringen.

So zieht der junge Pablo mit seiner Staffelei auf die Straße und malt das Milieu. Mehrere Zeichnungen wie beispielsweise »El divan« hängen im Picasso-Musum Barcelonas, dem Museu Picasso **25** *(▸ H 5)*. Seine Eltern mieten dem pubertierenden Künstler einige hundert Meter weiter, in der *Carrer de la Plata no 4 (▸ H 5)*, ein helles Atelier.

Auf der Spur des Genies kann man heute weiter durch die Altstadt ziehen und sich auch die nächsten, jeweils besseren Atelierhäuser von Picasso ansehen: 1899 zieht er in die *Carrer dels Escudellers Blancs (▸ G 6)*, um 1900 in die *Riera de Sant Joan no 17*, um sich dann mit anderen Künstlern 1902 ein Atelier in der *Carrer Nou de la Rambla no 10 (▸ G 6)* auf der anderen Seite der Rambla gleich hinter dem Palau Güell zu mieten. 1904 zieht er es dann vor, doch lieber allein zu arbeiten, in der *Carrer del Comerç no 28 (▸ H 4)*.

Gleich um die Ecke liegt eine große Straße, mit der Barcelona allerdings erst nach Francos Diktatur seinen großen Künstlersohn ehren konnte: der *Passeig de Picasso* **39** *(▸ H/J 4)*. Sie trennt die Altstadt vom Parc de la Ciutadella, der mit Zoo, Modern Art Museum und der riesigen Kaskade mit überdimensionalen Skulpturen aus der Hand des Modernisme-Genies Antoni Gaudí. Am Parkeingang darf man sich an einem Märchenbau mit Goldzinnen erfreuen, den Gaudís schärfster Architekten-Konkurrent Lluís Domènech i Montaner für die Weltausstellung 1888 entwarf.

Pablo Picasso umgibt sich in seinen Jugendjahren vor allem mit Freunden aus Künstlerkreisen. Er arbeitet viel, hängt seine Kohlezeichnungen in verruchten Lokalen zum Verkauf für einen Hungerlohn aus. Er hat ewigen Geldmangel, auch weil er mit seinen Freunden abends zu gern auf ein Gläschen geht. Wobei er nicht mal halt vor der »Grünen Fee« macht, dem hochprozentigen Absinth »ajenjo«, der im Viertel besonders unter den intellektuellen Anarchisten in Mode kommt. Und er hat erste Liebschaften. Was macht den Reiz dieses scheinbar so unscheinbaren Mannes aus? *»Er hatte nichts Verführerisches (…) Allerdings, sein seltsam eindringlicher Blick erzwang die Aufmerksamkeit (…) verliehen ihm eine Art Magnetismus«*, so beschreibt seine spätere Freundin *Fernande Olivier* den Frauenhelden Picasso.

DER FREUNDESKREIS IM ELS 4 GATS

Mit 19 hat Pablo sich schon einen Namen gemacht, seine Blaue Periode wird von einigen Industriellen sogar als langfristige Geldanlage beurteilt. Depressive Stimmungen aus dieser chaotischen Zeit eines jungen Genies (1901–1903) sind heute in der Eremitage von Sankt Petersburg (»Absinth-Trinkerin«), im Kunstmuseum von Chicago (»Alter, blinder Gitarrist«) oder Guggenheim Museum New York (»Die Büglerin«) zu sehen.

Picassos Stammlokal und
Treffpunkt der anarchistischen
Künstlerszene Barcelonas:
Els 4 Gats.

Im Jahr 1900 verkauft er bei seiner ersten Galerieausstellung in Barcelona zwar nur ein Bild, investiert das Geld aber sofort in eine kurze Reise zu Künstlerfreunden nach Paris. Dort lernt er *Henri de Toulouse-Lautrec* kennen, der ihn später noch nachhaltig im Expressionismus beeinflussen wird. Noch mehr beeindruckt

ihn sein engerer Freundeskreis in Barcelona, der elegante Porträtist und Grafiker *Ramon Casas*, der Straßenmaler *Isidro Nonell*, der Kunstkritiker und Kneipenwirt *Pere Romeu* und der Dichter *Jaume Sabartés*.

Treffpunkt ist das Café-Restaurant *Els 4 Gats* **12** *(▸ G 5)* in einem 1896 vom Modernisme-Architekten Puig i Cadafalch pompös mit neogotischen Elementen verschönten Backsteinbau in der *Carrer de Montsió no 3*. Schriftsteller, Journalisten, Musiker, Schauspieler, Dandys, Kaffeehaushocker, Maler und Nachtschwärmer wie Picasso träumen, trinken und debattieren hier im Jugendstilinterieur fast täglich über Dekadenz, die angenehmen Seiten des Sittenverfalls und über die Verbesserung der Welt. In jedem Fall geht es immer gegen das geldstrotzende Bürgertum. Lesungen, Klavierkonzerte, Anarcho-Vorträge und Maskenbälle machen das Lokal zum intellektuellen Mittelpunkt der Stadt. Pablos Clique ist Ersatzfamilie, die verrückte Boheme will unter sich bleiben. *Quatre Gats* heißt zwar »vier Katzen«, gemeint sind aber damit »nur ein paar Typen«. Die pflastern die Wände mit ihren Bildern voll, damals alle im Original und noch gegen eine Lokalrunde zu haben. Pablo stellt eigene Porträts aus, er zeichnet unter dem radförmigen Kronleuchter auf den Marmortischen jeden originellen Gast.

1903, da ist Picasso schon auf dem Sprung nach Frankreich, schließen die Amigos ihre »Vier Katzen« wegen schlechter Kassenführung. Erst drei Jahre nach Francos Tod, 1978, darf dieses Künstlerlokal im Originalstil wieder eröffnet werden. Seitdem fotografieren Touristen den Zauber der Dekadenz und genießen preisgünstige katalanische Küche. Die Empore im Ballsaal ist erhalten, der Flügel steht auch wieder an seinem Platz. Allerdings ist die wandgroße Zeichnung, die Pablos Freunde Casas und Romeu auf einem Tandemfahrrad zeigt, nicht mehr das Original. Ebensowenig wie einige Picasso-Porträts, die als Millionenwerte im *Museu Picasso* 25 (▸ H 5) in der *Carrer Montcada no 15–23* hängen. Diese elegante Straße hat ihre eigene Geschichte: Barcelonas Graf Ramon Berenguer IV schenkte sie 1148 dem reichen Kaufmann Ramón de Montcada, weil der ihm die Rückeroberung der Stadt Tortosa finanzierte. Montcada baute seine geschenkte Gasse mit luxuriösen Palästen zu, die zur Straße hin mit Mauer und Großportal verschlossen wirken, drinnen aber mit weiträumigen Patios, breiten Marmor-Treppenaufgängen und kunstreichen Festsälen protzen. In fünf dieser mittelalterlichen Aristokraten-Anwesen sind heute über 2200 Arbeiten Picassos zu sehen, darunter der weltberühmte »Harlekin«, 1917 gemalt, seine neue Interpretations-Serie in 44 Teilen zu Velázquez' »Las Meninas« (1957), das Porträt seiner Mutter *María* (1896), das Porträt seiner zweiten Ehefrau *Jacqueline Roque* (1957) und »Dächer von Barcelona« (1903). Auch mehrere Bilder aus Picassos zweiter Barcelona-Zeit 1916/1917 sind zu hier sehen. Damals kam er aus Paris zurück und begleitete seine große Liebe und erste Ehefrau, die Ballerina *Olga Khokhlova*, während ihres Gastspiels in der katalanischen Hauptstadt.

In den Jahrzehnten danach war aus dem unpolitischen Künstler in Frankreich ein kritischer Oppositioneller gegen das diktatorisch regierte Spanien geworden. Als Picasso während des Bürgerkriegs und nach den Luftangriffen der deutschen Legion Condor 1937 auf das Baskenland sein berühmtestes Gemälde »Guernica« malte, verfügte er, dass dieses Bild erst nach Francos Tod in Spanien hängen dürfe. Als dann 1963 das Picasso-Museum in Barcelona eröffnet wird, soll Generalissimo Franco in Madrid furchtbar getobt haben. Er hasste diesen Mann. Aber was konnte er als in Europa isolierter Diktator gegen ein Genie tun, das von aller Welt geliebt wurde?

Der Maler konnte es leider nicht mehr miterleben, als sein »Guernica« vor einigen Jahren in Madrids modernem *Museo Reina Sofía* gegenüber vom Prado aufgehängt wurde. Denn Picasso starb 1973, Franco erst 1975.

ELS 4 GATS 12 ▸ *G 5*
Carrer de Montsió 3, Ribera
www.4gats.com
▶ Metro: Jaume I

MUSEU PICASSO 25 ▸ *H 5*
Carrer de Montcada 15-23, Ribera
www.museupicasso.bcn.es
▶ Metro: Jaume I

JOAN MIRÓ

1893–1983

Er wurde in Barcelona als Sohn eines Juweliers geboren. Zwei Seelen wohnten in der Brust des katalanischen Künstlers – der hart arbeitende Pendant und der kreative Träumer. Beide machten ihn unsterblich.

Die Seilbahn führt wie eine Nabelschnur von der Geburtsstätte bis zu seinem Grab. Die »Aeri« startet unten vom Torre de Sant Sebastiá, fährt über den alten Hafen hinauf auf den Hausberg Barcelonas, den Montjuïc, bis zum Aussichtspunkt mit dem Restaurante Miramar. In diesen himmlischen zehn Minuten hat man gen Osten einen herrlichen Blick auf das Raval- und Gótic-Viertel und die frühere Amüsier- und Nightclub-Meile Paral.lel. Dort unten, in der kleinen altstädtischen *Passatge del Crèdit no 4* (▸ G 6), wird am 20. April 1893 Joan Miró geboren, in der ersten Etage seines bürgerlichen Elternhauses, im Raum links vom Esszimmer. Und am Südhang des Montjuïc, auf dem malerischen Friedhof Cemeteri Nou mit Meeresblick, wird er am 27. Dezember 1983 zwischen Zypressen und vielen Engelsstatuen begraben.

Diese 90 Jahre kann man in rund 10 000 Exponaten nur wenige hundert Meter entfernt nacherleben. Am Nordhang, in einer grandiosen Parkkulisse mit beeindruckendem Ausblick auf sei-

Der Künstler und sein Werk: Joan Miró mit seiner Skulptur
»La femme moderne« an seinem 75. Geburtstag.

ne Heimatstadt, steht zwischen Johannisbrot- und Olivenbäumen
ein verwegener kubistischer, lichtdurchfluteter Bau. Die *Fundació Joan Miró* hat dem weltberühmten Künstler bereits zu dessen
Lebzeiten (1975) dieses mediterran anmutende Museum 14 *(▸ E 7)*
für den größten Teil seiner Werke gebaut. Für den größten Maler
Catalunyas. Nach Gaudí ist er sicher der wichtigste aller in Barcelona gebürtigen Künstler. Sein zwölf Jahre älterer Freund *Pablo*

*Die Fundació Joan Miró in Barcelona beherbergt die größte
Sammlung von Werken des katalanischen Künstlers.*

Picasso, mit dem ihn im Laufe seines Lebens viel verbindet, ist
Andalusier. Mit dem schlagzeilenträchtigen *Salvador Dalí*, eben-
falls nicht in Barcelona geboren, konnte sich Miró sowieso nicht
anfreunden: »Der war mir zu verrückt.« Und auch der 1923 in
Barcelona geborene Gesamtkünstler *Antoni Tàpies* hat sich seinen
Weltruhm erst nach Mirós Tod erworben.

Miró ist mit dem Herzen ein kreativer, verträumter, romantischer Barceloner. Und mit dem Kopf ein handwerklich hart
und präzise arbeitender katalanischer Nationalist. Er korrigiert
Plakate und Kataloge, in denen man ihn als »spanischen« Maler
bezeichnet: »Was mir am Herzen liegt ist Catalunya.«

Das hat ihn auch immer in Distanz zum Diktator Francisco
Franco gehalten, der das Malergenie vergeblich für seine Pro-
paganda auszunutzen suchte. Kritikerhymnen ehren und feiern
Miró noch heute als »Die Nachtigall der modernen Malerei« und

als »Künstler der Nacht, der Stille, der Musik.« Mit seinen fantasievollen Malereien, auf denen immer wieder unwirkliche, farbenfrohe Symbole für Mond, Sterne, Auge, Vogel und Frau abgebildet sind, wird der sanfte Surrealist auch international zum prägenden Künstler des 20. Jh.

Das muss jeden Tag schon etwa 50 000 Fluggästen auffallen, die an einer Außenwand des Flughafens von Barcelona an einem haushohen, farbenprächtigen Mosaik nicht vorbeikommen, ohne an Catalunyas Ehrenbürger Miró zu denken.

Und im Zentrum seiner Geburtsstadt, auf der Pla de l'Os (▸ G4) in Höhe der Rambla dels Caputxins, wo die lebenden unbeweglichen Statuen, Gaukler und Musikanten für ein Trinkgeld arbeiten, da treten Millionen Touristen seine Kunst sogar mit Füßen, unbewusst natürlich. Viele kultivierte Barceloner machen respektvolle Trippelschritte und umkurven Mirós blaurote »Mosaic«-Steine.

Die kreative, verspielte Urkraft des handwerklich pedantischen Genies hat sicherlich auch ihre Quelle in seinem behüteten, wohlhabenden Elternhaus. Seine tolerante Mutter *Dolores* aus Mallorca und sein konservativer Vater *Miguel* taufen den Sohn auf den katalanischen Namen »Joan«, im Spanischen »Juan«, auf Deutsch »Hans«. Dass dieser Vorname im Englischen weiblich ist, hat den Künstler immer etwas gestört, wenn er in Londons Kunstszene zu Gast war.

Joan geht in der *Carrer Regomir no 13* (▸ H6) zur Schule. Schon als Siebenjähriger fällt sein Zeichentalent dem Lehrer auf. Doch diese Begabung allein reicht nicht. Als pubertärer Schüler von 14 Jahren muss er die Schule verlassen. Er ist im typischen Flegelalter, faul, rebellisch und hat zwischen Ramblas und Hafengegend, damals voller Gauner, Prostituierter und gewaltbereiter Gewerkschaftsdemonstranten, einige Anfechtungen zu bestehen.

Sein Vater, ein erfolgreicher Juwelier und Uhrmacher mit Läden nicht weit vom Wohnhaus in der Carrer de Ferran no 34 und auf der Plaça Reial no 4, zwingt ihn 1907 bis 1910 zu einer kaufmännischen Ausbildung. Diese ungeliebte Zwangsjacke erträgt der jugendliche Joan nur, weil er mit Unterstützung seiner Mutter viermal die Woche abends zum Zeichenunterricht an die Kunstakademie *La Llotja (▸ H 6)* unten am Hafen im Passeig Isabel II gehen darf. Dort trifft er zwar nicht mehr auf den Llotja-Schüler Pablo Picasso, der seit 1905 schon in Paris lebt und immer berühmter wird. Aber er wird noch von Pablos Vater, dem Kunstprofessor *José Ruiz Picasso*, unterrichtet. Der wird ihm später mit einem Empfehlungsschreiben die Tür zum Pariser Atelier seines Sohnes öffnen.

DIE MUTTER UNTERSTÜTZT DIE LEIDENSCHAFT

Als sich der nur 1,65 Meter kleine, schmächtige, aber umso ehrgeizigere Joan wegen Überarbeitung, mehrerer Nervenzusammenbrüche und einer Typhuserkrankung auf dem familiären Bauernhof von Montroig bei Tarragona zur Genesung mit Pinsel und Palette über ein Jahr lang zurückzieht, schwindet des Vaters Widerstand gegen eine künstlerische Ausbildung seines Sohnes. Joan darf sich von 1912 bis 1915 gleich in zwei privaten Kunstakademien einschreiben. Täglich von 15 bis 17 Uhr ist er bei dem damals berühmten Zeichenprofessor *Francesc Galí*, der ihn vor allem die Architektur Gaudís und den katalanischen Jugendstil lehrt. Und der ihn gelegentlich mit verbundenen Augen Gerade und Kurven malen lässt. Den zweiten Malunterricht erhält Joan täglich von 19 bis 21 Uhr im *Cercle Artístic de Sant Lluc*, wo er erste Versuche zum Kubismus mit Mond und Sternen und roten Kreisen unterstreicht, wo surrealistische Malerei allerdings verboten wird. Joan hungert sich so durch die Jugendjahre. Er verkauft

*Kunst zum Betreten: Dieses Miró-Mosaik ziert die Ramblas,
Barcelonas große Flaniermeile.*

gelegentlich in der großbürgerlichen Wohnung *Passeig de Gràcia
no 96 (▸ D 2)* seines reichen Freundes *Ramon Casas* kleinere Zeichnungen. Aber seine Mutter muss ihm für Farben und Leinwand
sehr oft heimlich was zustecken.

   1914/15, der Erste Weltkrieg beginnt, doch Spanien liegt
eher bei Afrika als im kriegslüsternen Europa, riskiert Joan Miró
zusammen mit seinem Freund *Eusebi Ricart* sein erstes kleines
Atelier in der *Carrer Sant Pere Més Baix 51 (▸ G 4)*. Finanziell
kann er sich das leisten, weil ihn jetzt auch der berühmteste Gale-
rist und Kunsthändler von Barcelona, *Josep Dalmau*, unterstützt
und erste Ausstellungen ab 1916 organisiert. Dalmau ist Avant-
gardist, setzt sich für Kubismus und Dadaismus ein und hat den
Ruf der *Carrer Consell de Cent (▸ E 3/4)* mit seiner Galerie im
Haus Nummer 349 als Kunstmeile begründet. Heute gibt es hier
zwölf Galerien.

Damals arbeitet Miró fanatisch wie ein Getriebener und malt »nicht um zu gefallen«, was dem Galeristen gefällt. Seine Freunde Ricart und Dalmau schreiben später über ihn: *»Er steht pünktlich um sieben Uhr früh auf, frühstückt fast nichts, zieht sich einen blauen Overall an und arbeitet ab acht Uhr im immer aufgeräumten Atelier. Am liebsten malt er allein, mundfaul ist er sowieso.«* Ungern lässt er sich vom Freundeskreis zu abendlichen Bummeln über die Amüsiermeile Paral.lel mit dem angesagten Cabaret *El Molino* oder dem Jugendstil-Tanzschuppen *La Paloma* verführen. Und wenn, dann schlägt seine bürgerlich-konservative Erziehung durch. Er zieht Anzug, weiße Weste und gestärktes Hemd plus Fliege an, nimmt einen Ausgehstock, streift sich gelbe Handschuhe über und gibt den eleganten Dandy. Manchmal sogar mit Monokel und weißen Gamaschen. Seine Art von Schutzschild gegen die etwas schmierige Halbwelt des Barri Xino.

HEMINGWAY STOTTERT SEINE RECHNUNG AB

1919, als die Wellen der Oktoberrevolution auch immer stärker die Arbeiterklasse Barcelonas erfassen, zieht es den Weltbürger Miró nach Paris. Er freundet sich mit Picasso an, auch die Gespräche mit *Max Ernst* und *Wassily Kandinsky* beeinflussen ihn in den nächsten Jahren. Er illustriert einen Roman von *Henry Miller* und verkauft an *Ernest Hemingway* eines seiner berühmtesten in Montroig gemalten Bilder, »La masía« (»Der Bauernhof«). Die 5000 Franken stottert Hemingway in monatlichen Raten ab. *Montroig*, wo Miró fast jeden Sommer verlebt, verlässt er, als 1936 der Bürgerkrieg ausbricht. Aus Paris flieht er 1940 vor den Deutschen, er entzieht sich zugunsten seiner Malerei jeder politischen Stresssituation, auch jeder späteren Umarmung durch Franco.

1942 zieht Miró wieder in sein Elternhaus in Barcelona ein. Im obersten Stockwerk arbeitet er nun auch mit Kollagen und Keramik, entwirft Plakate für die katalanische Autonomiebewegung. Ausstellungen in Tokio, Südamerika und in New Yorks Museum of Modern Art begründen seinen Weltruhm. Mit seiner Ehefrau verbringt er jeden Sommer auf seiner eigenen Finca *Son Abrines* bei Palma de Mallorca, wo ihn in den 70ern gelegentlich sogar König Juan Carlos aus seinem nur 500 Meter entfernten Sommerpalast Marivent (»Meer und Wind«) besucht. Auch hier gibt es heute ein Miró-Museum, doch das größere, mit den wichtigeren Exponaten ausgestattete steht seit 1975 auf dem Montjuïc. Wo früher in der Festung gefoltert wurde und Francos Soldaten 1940 Catalunyas Präsidenten Lluis Companys exekutierten, wo 1929 die Weltausstellung und 1992 die 25. Olympischen Spiele stattfanden, liegt zwischen Parkanlagen die *Fundació Joan Miró* 14 (▸ *E 7)*.

Witzig-lustvolle formale Ungereimtheiten sind hier ebenso ausgestellt wie seine Werke »Straße in Pedralbes«, das »Porträt eines jungen Mädchens«, der »Morgenstern«, die »Figur vor der Sonne«, die »Frau bei Nacht«, die Schwarz-Weiß-Lithografien zu »Barcelona« oder auch die Marmorskulptur »Sonnenvogel«.

Joan Miró hatte sein Leben lang Angst, nicht vor dem Tod, aber davor, körperlich zu verfallen und nicht mehr malen zu können. Das konnte er bis zu seinem Tod am 25. Dezember 1983. Seine Kunst wird ihn ewig überleben.

FUNDACIÓ JOAN MIRÓ 14 ▸ *E 7*
Parc de Montjuic, Montjuic
www.fundaciomiro-bcn.org
▶ Metro: Paral.lel

POBLE ESPANYOL
Avinguda del Marques de Comillas, La Francia
www.poble-espanyol.com
▶ Metro: Espanya

SALVADOR DALÍ

1904–1989

*Kein anderer Maler hat seine Kunst und sich selbst
so verrückt und gleichzeitig genial inszeniert wie er.
War das alles nur ein kalt berechnendes Marketing,
oder lebte er den Surrealismus im Selbstversuch?*

Man mag es nicht glauben, aber alles ist wahr. Die
Geschichten über den Meister, seine Kunstwerke.
Sofern Surrealismus wahr sein kann. Traumhaft
Unwirkliches – mit Öl, Kohle oder Wasserfarbe aufs Papier
gebannt – ist für Sehende natürlich wirklich. Surreal ist da schon
eher der Mann, der am 11. Mai 1904 geboren wird und im Städt-
chen *Figueres* nahe der Costa Brava wohlbehütet aufwächst.

Es geht um den verrücktesten, gleichzeitig genialen und
geldgierigsten Maler des vergangenen Jahrhunderts. Um jenen
Größenwahnsinnigen, der mit stechendem Blick, dandyhafter
Samtjacke, vergoldetem Spazierstock sowie mit Wachs hoch-
gezwirbeltem Schnurrbart weltweit sein eigenes Marketing-Label
kreiert. Salvador Felipe Jacinto Dalí, von König Juan Carlos 1982
zum »Marquès de Dalí de Púbol« geadelt. Da ist er bereits an
Parkinson erkrankt, malt mit zittriger Hand sein letztes Gemälde »Der Schwalbenschwanz« und reagiert auf den Tod seiner als
Göttin verehrten Frau Gala mit Nahrungsverweigerung. Bis zu

Der große Meister der Selbstinszenierung: Salvador Dalí mit
typischem Gesichtsausdruck auf einem Foto von 1967.

seinem Tod 1989 muss er per Sonde künstlich ernährt werden.
Der geniale verrückte Künstler Salvador Dalí ist der Typ zwischen
Wahn und Wirklichkeit, ein typischer Katalane mit der extrem-
kaufmännischen »seny«-Seite einerseits und dem intensiv-künst-
lerischen »rauxa«-Leben andererseits.

Sein Vater *Salvador Dalí-Cusí* gilt im ländlich-katholischen
Figueres als erzkonservativer katalanischer Nationalist, als Notar

Das Teatre-Museu Dalí in Figueres, der Heimatstadt des Künstlers.
In Figueres ließ sich der Exzentriker auch bestatten.

ist er wohlhabend und höchst angesehen. Sein Sohn zeigt bereits als Zehnjähriger selbstinszenatorische Neigungen. Sein Onkel, ein Buchhändler in Barcelona, muss ihm anspruchsvolle Jugendbücher und Kunstbücher schicken, die er unter den Arm klemmt und so zur Schule geht. Die Mitschüler halten ihn für verrückt. Seine ersten Bilder malt er noch ganz realistisch im elterlichen Sommerhaus *Es Llané*. Noch vor dem Abitur geht Dalí auf Konfrontation zu seinem gestrengen Vater, gründet die anarchistische, marxistisch orientierte Arbeitsgruppe »Renovació Social« und lässt nun die Ausgaben der kommunistischen Zeitschrift »L'Humanité« provokativ im Elternhaus herumliegen.

Er fährt immer häufiger ins nahe gelegene Barcelona, verbrüdert sich mit der anarchistischen Szene in der Altstadt, übernachtet bei Freunden oder bei seinem Onkel. Anfang der 20er-Jahre verkehrt er in der Musikhalle *El Molino* auf der damals noch sündigeren Avinguda del Paral.lel und wird Stammgast im Künstlerlokal Picassos, im *Els 4 Gats* **12** *(▸ G 5)*.

Dalí fühlt sich zu Barcelonas Avantgardisten hingezogen, verehrt den Franzosen *André Breton* als Theoretiker des Surrealismus und versucht in den intellektuellen Zirkeln des Gotischen Viertels durch Auftreten und revolutionäre Reden Bourgeoisie und Surrealisten gleichermaßen zu schockieren. Breton wird später erzählen, wie Salvador Dalí auf die Frage antwortete, wer nach ihm der größte bekannte Künstler sei. Dalí nennt spontan *Josep Pujol*, der zu Beginn des 20. Jh. im Moulin Rouge als »Le Petomane« Berühmtheit erlangt. Dieser Pujol kann mit seinen Schließmuskeln die Marseillaise und aktuelle Schlager intonieren.

STREIFZÜGE DURCH DIE FANTASIEWELT

Noch mehr begeistert er sich bei seinen Streifzügen durch Barcelona für die skurrilen Arbeiten von Antoni Gaudí. Auf Dalí wirken *»die Türme der Sagrada Família sehr sinnlich, wie die Haut einer Frau«*. Nach dem Tod von Gaudí schlägt er vor, die unvollendete Kathedrale so zu belassen und ihr eine gewaltige Glaskuppel überzustülpen. Dalí lobt die Bauten Gaudís überschwänglich, weil *»dieses Genie den Stein in Fleisch und Starre in Weichheit verwandelt und weil die bronzenen Wasserspeier aussehen wie prächtige Brüste«*. Immerhin erkennt Dalí da noch einen anderen als Genie neben sich an.

Er malt sehr viel, nicht nur im Atelier an der Costa Brava, sondern auch in den Studios von Freunden in Barcelona. Er ist fleißig, diszipliniert, übt sich in impressionistischer, dann kubistischer Malerei. 1922 hat er in der *Galería Dalmau* **15** *(▸ E 3/4)* seine erste Ausstellung, verkauft die ersten Surrealen nach USA.

Die Galería Dalmau in der Carrer Consell de Cent no 349 in der Nähe des Passeig de Gràcia hat damals schon einen internationalen Ruf als Förderer moderner Gegenwartskunst und gilt als Begründer der Kunstmeile dieser Straße mit heute einem Dutzend angesehener Galerien. Dalí wird hier jahrelang eigene Ausstellungen haben.

Bei seinem aufwändigen Lebensstil reicht Dalí das erste Galerie-Honorar nicht lange, sein Vater zwingt ihn, sein chaotisches Barcelona-Leben zu beenden und ab 1923 in der Madrider Akademie *San Fernando* Kunst, Bildhauerei und Malerei zu studieren. Wegen ungebührlichen Benehmens wird er mehrfach gefeuert, wegen genialer Arbeiten aber wieder zugelassen. Der Narziss Dalí hält seine Professoren für unfähig, ihn zu beurteilen, und weigert sich deswegen Ende 1926, am Schlussexamen teilzunehmen.

Lieber fährt er nach Paris und besucht *Pablo Picasso*. In den drei Madrider Jahren allerdings lernt er im Studentenwohnheim zwei für seine Entwicklung entscheidende Freunde kennen: den Filmregisseur *Luis Buñuel*, mit dem er 1929 gemeinsam das Drehbuch zum surrealistischen Film »Ein andalusischer Hund« schreibt. Noch inspirierender für Dalí wird sein Zimmergenosse *Federico García Lorca*. Den andalusischen Schriftsteller lädt er regelmäßig zu Sommerferien ins elterliche Ferienhaus *Es Llané* nach Cadaqués ein. Sie malen, dichten und träumen gemeinsam. Lorca bedrängt Dalí des Öfteren sexuell, kommt aber nicht ans Ziel, weil sein Freund Salvador (»Erlöser«) meint, er sei »von Geburt an impotent«.

Dafür lebt er seine surrealistische Kraft in ersten Bildern aus: »Blut ist süßer als Honig«, »Sitzendes junges Mädchen von hinten«, »Der große Masturbator« oder »Die Anpassung der Begierden« mit den Löwenköpfen werden auch in den USA ausgestellt.

Er pendelt zwischen Barcelona und Paris, wo er sich *Bretons* Surrealisten-Gruppe anschließt und mit Künstlern wie *Max Ernst, Man Ray, Hans Arp* und dem Poeten *Paul Éluard* inspirierende

*Der Künstler und seine Muse: Salvador Dalí und seine Ehefrau
Gala an der Costa Brava.*

Diskussionen führt. Als Max Ernst, Luis Buñuel und Paul Éluard
im August 1929 ihre Ferien in *Cadaqués* verbringen, wird das ein
schicksalhafter Sommer. Der 25-jährige Dalí verliebt sich in die
zehn Jahre ältere Éluard-Gattin und Salondame *Helena Diakanoff
Devulina*, genannt Gala. Buñuel sagt später, dass bei Dalí von
Impotenz keine Spur mehr sei und dass der sich von einem Tag
auf den anderen »total verändert hat«. Dalís erzkatholischer Papa
ist über die neue Liebe empört. Aus seiner Sicht sind alle Russen
Kommunisten und fremdgehende Frauen Huren. Er enterbt seinen Sohn, Dalí zieht mit Gala nach Paris und heiratet sie 1934.

Dort werden die beiden zum »Dreamteam« des surrealen Weltmarktes. Die Muse Gala macht aus Dalí eine lukrative
internationale Einnahmequelle, organisiert weltweit seine Ausstellungen, leitet Verkaufsgespräche, bereitet ihn auf Interviews
vor. Eines seiner berühmtesten Werke, »Die Beständigkeit der

Erinnerung«, zeigt seine Todesängste, zerfließende Taschenuhren. Am liebsten porträtiert er nun – nackt oder halbnackt – seine als »Göttin« verehrte Gala. Sie betrügt ihn mit Max Ernst, mit ihrem Ex und unzähligen Jünglingen. Dalí toleriert alles, erklärt das im New Yorker MoMA bei einem Vortrag über »Der gespensti- sche Surrealismus des Ewigweiblichen«. In London spricht er aus einem Tiefseetaucheranzug heraus über »Das paranoide Unterbe- wusstsein«. *Sigmund Freud*, den er in London trifft, erklärt er an seinem Bild »Metamorphose des Narziss« das Unbewusste. Dalí bleibt während des Zweiten Weltkriegs mit Gala in den USA, ent- wirft für *Alfred Hitchcock* Traumsequenzen im Film »Spellbound« und verarbeitet die Hiroshima-Bombe in Bildern wie »Melancho- lische Uranidylle«. Um schneller zu noch mehr Geld zu kommen, signiert Dalí manchmal 1000 weiße Blätter blanko an einem Tag.

DALI UND DER SELBSTVERSUCH EINER IDEE

1948 zieht Salvador Dalí mit seiner Gala wieder an die Costa Brava nach *Portlligat*. Ein Fischerdorf-Idyll nahe dem Künstler- ort Cadaqués mit weiß gekalkten Häusern nördlich von Barcelo- na. Wenn im Sommer die Urlauber kommen, flüchten Dalí und Gala alljährlich für einen Monat ins Fünf-Sterne-Hotel *Maurice* nach Paris. Dort lässt er sich schon mal zwecks Motivsuche eine Schafherde in die Suite treiben. Oder er schießt aus einer alten Jagdbüchse Farbpatronen auf die Leinwand und erkennt dann Engelsflügel auf dem Bild.

Kunstkritiker sind sich bis heute nicht einig: Will das Genie nur auffallen und sich vermarkten? Das wäre ein typischer Charakterzug eines typischen Katalanen. Oder lebt da einer den Unwirklichen, den Surrealisten, in sich selbst aus? Dalí im Selbstversuch seiner Idee? Er ist wie er ist, bis zum Tod seiner vergötterten Gala 1983 malt er noch. In den Jahren danach vegetiert er nur noch unwirklich dahin, bis zu seinem Herzversagen 1989. Doch ein Genie stirbt nicht. Die geldorientierten Katalanen an der Costa Brava bauen ihm gleich drei Museen: Das Schlösschen in *Pubol*, das er seiner Gala schenkte, ist heute ein kleines Museum mit spinnenbeinigen Elefanten am Pool, den Couture-Kleidern Galas und bizarren Möbeln. In *Portlligat* zeigt sein Haus die bizarre Welt des Künstlers, mit Atelier, Pool und Eier auf dem Dach. Freunde des Surrealismus kommen im Teatre-Museu-Dalí in Figueres am besten auf ihre Kosten: Unter der blau schimmernden Glaskuppel fasziniert viel verrückte Kunst wie ein Mae-West-Gemälde, ein biegsames Metallkruzifix, das berühmte »Regentaxi« und kitschige Wandgemälde.

Unter einer Bodenplatte ist der einbalsamierte Salvador Dalí bestattet, in eine Tunika gehüllt. Testamentarisch hat er festgelegt, dass sein Leichnam mindestens 300 Jahre überdauern müsse.

CASA-MUSEU CASTELL GALA DALÍ
Pubol, 120 km auf der C66 Richtung Girona
www.dali-estate.org

CASA-MUSEU SALVADOR DALÍ
Portlligat bei Cadaqués
www.dali-estate.org

GALERÍA SALA DALMAU 15 ▸ *E 3/4*
Carrer del consell de Cent 349, Eixample
www.saladalmau.com
▸ Metro: Passeig de Gràcia

TEATRE-MUSEU DALÍ
Pujada del Castell
Figueres
www.dali-estate.org

GEORGE ORWELL

1903–1950

Er kam nach Barcelona, um zu kämpfen. Gegen die Ungerechtigkeit, den Faschismus, vor allem gegen Franco. Und am Ende wollten die Kommunisten den englischen Schriftsteller und Sozialisten umbringen.

Stadtplanung bedeutet manchmal, dass man irgendwo was besser macht, als Konsequenz daraus aber irgendwo was schlechter wird. So geschehen in Barcelona im Barri Gòtic. Einen der prächtigsten Plätze gleich neben der Rambla dels Caputxins, die Plaça Reial, sanierten die Stadtväter Anfang der 80er-Jahre sehr gründlich von schummrigen Jazzkneipen, Taschendieben, aggressiven Dealern, Junkies und den dazugehörigen Dirnen und Zuhältern. Der »Reial« mit seinen beiden Gaudí-Laternen ist heute ein Vorzeigeplatz für touristische Kameras. Die halbseidene beziehungsweise kriminelle Karawane aber zog weiter und siedelt bis heute an einer Plaça, die rund um die Uhr von Big Brother überwacht wird.

Sonnenstrahlen treffen selten diesen dreieckigen Platz in der dunkelsten Ecke des Gotischen Viertels hinter einer Nebenstraße der Carrer Escudellers in Richtung Hafen. Eher schon die Strahlen der vielen Überwachungskameras. Die Laternen an den zerbröselnden Hauswänden leuchten schummrig durch

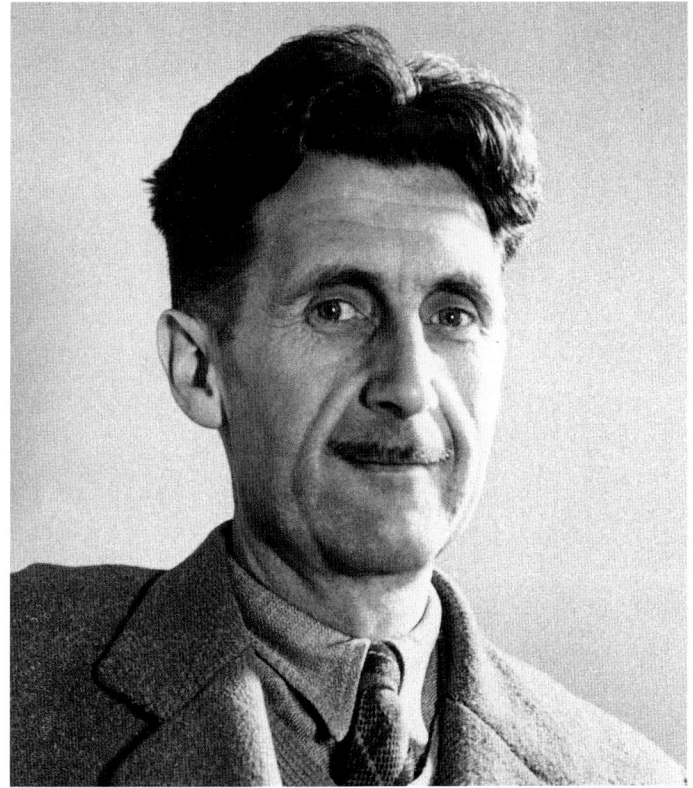

*Der englische Schriftsteller George Orwell ging nach Barcelona,
um gegen den Faschismus zu kämpfen. Er erlebte eine blutige Zeit.*

verdreckte Gläser. Einige Jugendliche hocken auf der Plaça vor
einer Reihe Bierflaschen unterhalb der haushohen futuristischen
Skulptur, auf der eine Schlange züngelt und sich schlängelnd um
den Globus windet.

Ein kleiner Fahrradshop, eine Windsurf-Werkstatt und viele
dunkle Mietshäuser umstellen den Platz. Darunter ein graues
Gebäude, in dem die marxistische Arbeiterpartei POUM in

Barcelona nach dem Bombenangriff vom 17./18. März 1938.
Die Stadt ist immer wieder das Ziel der Franco-Truppen.

den 30er-Jahren ihren Sitz hatte. Eine Gruppe Junkies dealt, im schmuddligen Café daneben sitzt kein einziger Gast.

Wir befinden uns auf einem der hässlichsten Plätze der sonst so strahlend schönen Stadt. Auf der Plaça, die 2003 »zu Ehren eines Schriftstellers, der sich vorbildlich für Katalonien engagierte« und zu dessen 100. Geburtstag auf *Plaça George Orwell (▸H6)* umgetauft wurde.

Die Geschichte ist nämlich die: George Orwell, 1903 als Eric Blair in Britisch-Indien geboren, kommt nach dem Besuch des Eton-Colleges, dem Militärdienst in Burma und einigen Jahren als Buchhändler und Journalist Ende 1936 als engagierter junger Sozialist mit seiner Frau nach Barcelona. Hier nimmt er in den nächsten zehn Monaten auf der Seite der trotzkistischen Arbeiterpartei POUM als Brigadist am Spanischen Bürgerkrieg teil. Über das »heiße Jahr der Anarchie« 1937, in dem sich

Trotzkisten, Stalinisten, Sozialisten und die anarchosozialistische Gewerkschaft CNT im eigentlich gemeinsamen Kampf Barcelonas gegen die konservativ-katholische Armee Francos gegenseitig aufreiben und schwächen, schreibt Orwell gleich nach seiner Flucht aus Barcelona 1938 im Stile eines Lokalreporters seine »Homage to Catalonia« (»Mein Katalonien«). Dieser Klassenkampf für eine klassenlose Gesellschaft beeinflusst Orwell dann 1945 zu seinem Welterfolg »Farm der Tiere«.

In dieser Fabel erklärt er das Scheitern der russischen Revolution durch den Verrat des Stalinismus an den sozialistischen Idealen. Auch in seinem 1949 geschriebenen, weitaus bekannteren Roman »1984«, in dem er den totalen Überwachungsstaat (»Big Brother is watching you«) und die Entmündigung des Bürgers voraussieht, fließen seine demagogischen Propaganda-Erfahrungen aus dem Jahr 1937 mit ein.

Als Orwell in der Zwei-Millionen-Stadt Barcelona eintrifft, hat er das Gefühl, plötzlich in einer Ära der Gleichheit und Freiheit aufgetaucht zu sein. *»Menschliche Wesen versuchten, sich wie menschliche Wesen zu benehmen und nicht wie ein Rädchen in der kapitalistischen Maschine.«*

KÄMPFEN UND SCHREIBEN – DAS IST SEIN LEBEN

In seinem »Mein Katalonien« beschreibt er das Stadtviertel, in dem er die nächsten Monate leben und kämpfen und das er sein Leben lang nicht mehr vergessen wird: Auf der Nordseite der Plaça de Catalunya *(▸ F 4)* steht das edle neoklassizistische *Hotel Colón*. Mit 27 Billardtischen und 60 Zimmern dient es damals den katalanischen Sozialisten der PSUC als Zentrale. Heute hat da die Banesto-Bank ihren Sitz. Schräg gegenüber liegt die strategisch wichtige Kommunikationszentrale »Telefónica«. Dann die *Rambla dels Estudis* mit dem Oberservatorium in Haus Nr. 115

und weiter unten an der *Rambla* no 138 stand damals das *Hotel Continental (▸ F 5)*, in dem Orwell mit seiner Frau logiert; zeitweise lebt das Paar auch im *Hotel Oriente* **18** *(▸ G 6)* an der *Rambla*. Orwell beschreibt die Szene so: *»Die Arbeiter haben sich praktisch jedes größeren Gebäudes bemächtigt und es mit roten oder der rot und schwarzen Fahne der Anarchisten behängt. Auf jede Wand hat man Hammer und Sichel oder die Anfangsbuchstaben der Revolutionsparteien gekritzelt. Fast jede Kirche hat man ausgeräumt und ihre Bilder verbrannt... Man hatte sogar die Schuhputzer kollektiviert und ihre Kästen rot und schwarz angestrichen... Unterwürfige, ja auch förmliche Redewendungen waren vorübergehend verschwunden. Niemand sagte ›Señor‹ oder sogar ›Usted‹. Man sprach einander mit ›Kamerad` und ›Du‹ an ... Trinkgelder waren verboten... Auf der Rambla röhrten tagsüber und bis spät in die Nacht revolutionäre Lieder.«*

Die Stadt mache durch den Einfluss des Krieges einen schlechten Eindruck, bei Nacht sind die Straßen aus Furcht vor faschistischen Luftangriffen nur schwach beleuchtet, so berichtet Brigadier und Kriegsreporter Orwell. Fleisch sei rar, Milch praktisch nicht zu erhalten, Brot, Zucker, aber auch Kohle und Benzin seien knapp. Vor den Delikatessenläden am oberen Ende der Rambla warten Banden barfüßiger Kinder, um heraustretende Käufer um ein paar Brocken Lebensmittel anzubetteln. Die Dirnen fordert man durch farbige Plakate auf, aus Respekt vor der Würde des Menschen von der Prostitution zu lassen.

Andererseits ist die Skandalmeile Paral.lel westlich der *Ramblas* immer noch ein Sündenbabel. Schon Jean Genet trieb sich zwischen 1922 und 1924 am liebsten in der Carrer del Carmen rum und schrieb 1949 in seinem »Tagebuch eines Diebes« über seine Besuche in Spielhöllen, über das als Kabarett getarnte Stundenhotel La Criolla in der Carrer del Cid und über die von

Das Hotel Oriente an den Ramblas. Hier wohnte und arbeitete der englische Schriftsteller George Orwell zeitweise.

Schmugglern, Homosexuellen und Absinthtrinkern geliebte Bar Cal Sagristá: *»Die kühnsten, schönsten und wildesten Tunten habe ich im Verlauf meines Vagabundenlebens in Barcelona gesehen.«*

Das war auch 1937 noch so. Aber Orwell muss von Januar bis April an die Front in *Aragón*. Er beklagt sich über schlechte Waffen, unorganisierte Brigaden und darüber, dass man an der Saragossa-Front gar nicht so viele Feinde sieht: *»Die Gegner waren einfach weit entfernte schwarze Insekten, die man gelegentlich hin und her springen sah. Die eigentliche Hauptbeschäftigung beider Armeen bestand in dem Versuch, sich warm zu halten.«* Das klingt bei Kollege Ernest Hemingway in seinem Bürgerkriegsroman »Wem die Stunde schlägt« dann doch blutiger und spannender.

Nach 115 Tagen an der Front darf Orwell Urlaub machen in Barcelona und erlebt die heißeste Kampfphase, als am 3. Mai Sturmtruppen der Ordnungskräfte die Telefónica besetzen.

»Am Nachmittag ging ich in die Ramblas. Plötzlich höre ich Gewehrschüsse. Zwei Jungen mit Gewehren schossen sich offenbar mit jemandem, der in dem hohen, achteckigen Kirchturm saß. Die Anarchisten am Eingang der Seitenstraße riefen den Leuten zu, sie dürften das Schussfeld nicht passieren. Die Kugeln von dem Turm flogen über die Straße, und eine von Panik erfasste Menge rannte die Ramblas hinunter … Ich sprang über die Straße, und tatsächlich pfiffen die Kugeln unangenehm dicht an mir vorbei.«

Orwell beschreibt dann, wie verschiedene Gruppen auf den Ramblas Pflastersteine rausreißen und Barrikaden bauen … *»mit jener leidenschaftlichen Energie, welche Spanier entfalten, wenn sie sich endgültig entschlossen haben, mit irgendeiner Arbeit zu beginnen … In ein paar Stunden waren die Barrikaden kopfhoch. Schützen wurden an den Schießscharten postiert, hinter einer Barrikade brannte ein Feuer, und die Leute brieten Eier.«*

EINE KUGEL VERFEHLT SEINE HALSSCHLAGADER

Was sich in den nächsten zehn Tagen hier abspielt, kann ein Ausländer kaum durchblicken. Wer gegen wen kämpft, ist schwer festzustellen. Im Arbeiterviertel Barrio Xino rechts von der *Rambla* herrschen die Anarchisten. Links der *Rambla* im Gotischen Viertel kämpft die Zivilgarde gegen die PSUC. In deren Hauptquartier an der Plaça de Catalunya ragen aus jedem mannshohen O des Reklameschriftzuges *Hotel Colón* Gewehrmündungen. Oben auf dem Dach hatte man ein Maschinengewehr aufgestellt. Orwell schreibt: *»Ich war nicht in Gefahr und litt nur unter Hunger und Durst … ich saß auf dem Dach des Kinos gegenüber dem Observatorium und wunderte mich über die Unsinnigkeit der ganzen Sache … dauernd aber schallte der teuflische Lärm, krachkrach, ratt-tatt-tatt dröhnte es, manchmal steigerte sich der Lärm zu einem ohrenbetäubenden Gewehrfeuer.«*

Nach diesen Kämpfen muss Orwell, nun schon Leutnant, wieder an die Front, diesmal bei *Huesca*. Dort verfehlt eine feindliche Kugel seine Halsschlagader nur um einen Millimeter, er kommt mit einem Durchschuss ins Lazarett von Tarragona und gewinnt nach einigen Tagen seine Stimme wieder.

Als er zu seiner Frau nach Barcelona zurückkehrt, sind ihm die romantischen Gefühle für den Bürgerkrieg abhanden gekommen. Enttäuscht stellt er fest, dass die Kommunisten die Macht in der Stadt innehaben. Orwell gerät zwischen die politischen Fronten der untereinander befeindeten Stalinisten, Anarchisten und Kommunisten, kommt auf eine Todesliste, kann aber aus dem Anarchie-Chaos nach England fliehen. Als sich Barcelona am 26. Januar 1939 den einrückenden Truppen Francos kampflos ergeben muss, da ist »Mein Katalonien« schon geschrieben.

Die Kommunisten haben es nicht geschafft, den Sozialromantiker George Orwell umzubringen; das besorgt die Tuberkulose, an der der Schriftsteller seit Jahren leidet. Er stirbt am 21. Januar 1950, ein Jahr, nachdem sein großer Roman »1984« erschienen ist. Eine Vorwarnung für die totale Überwachung. Orwell musste nicht mehr miterleben, wie der gläserne, digital durchkontrollierte Bürger Realität wird – nur ein paar Jahre nach 1984.

BAR DEL PI `3` ▸ *F/G 5/6*
Plaça de Sant Josep Oriol, Barri Gòtic
▶ Metro: Liceu

HOTEL ORIENTE `18` ▸ *G 6*
Ramblas 45-47, El Raval
www.husa.es
▶ Metro: Liceu

JAUME RAMON MERCADER

1913–1978

Kaum jemand will ihn in Barcelona noch kennen.
Dabei wurde der katalanische Revolutionär und
sowjetische Agent einer der berühmtesten politischen
Mörder. Ein Leben wie ein Film…

Graf Guifré el Pilós oder König Jaume el Conqueridor haben katalanische Geschichte geformt. Andere Söhne Barcelonas wie Gaudí oder Miró haben Weltruhm erlangt. Weltgeschichte aber hat nur ein einziger gebürtiger Barceloner geschrieben, doch selbst den meisten Katalanen ist er kein Begriff, was erstaunlich bis geradezu ungerecht ist, denn der Mann riskierte fünf Leben mit fünf verschiedenen Namen für seine Ideen und wurde einer der berühmtesten politischen Mörder. Jaume Ramon Mercader kämpfte für die Arbeiterbewegung in Barcelona, zog unter *Francos* Diktatur in den Partisanen-Untergrund, wurde Kommunist, kam nach Moskau in die ideologische Kaderschmiede und wurde 1939 von Stalins Geheimdienst NKWD als »Schläfer« in den USA und Mexiko geparkt – ein abenteuerliches, filmreifes Leben.

Mercader wartet ab 1939 in New York und dann in Mexico-Ciudad auf den entscheidenden Befehl aus Moskau. Der kommt über den NKWD-Offizier *Pawel Sudoplatow* von Stalin persön-

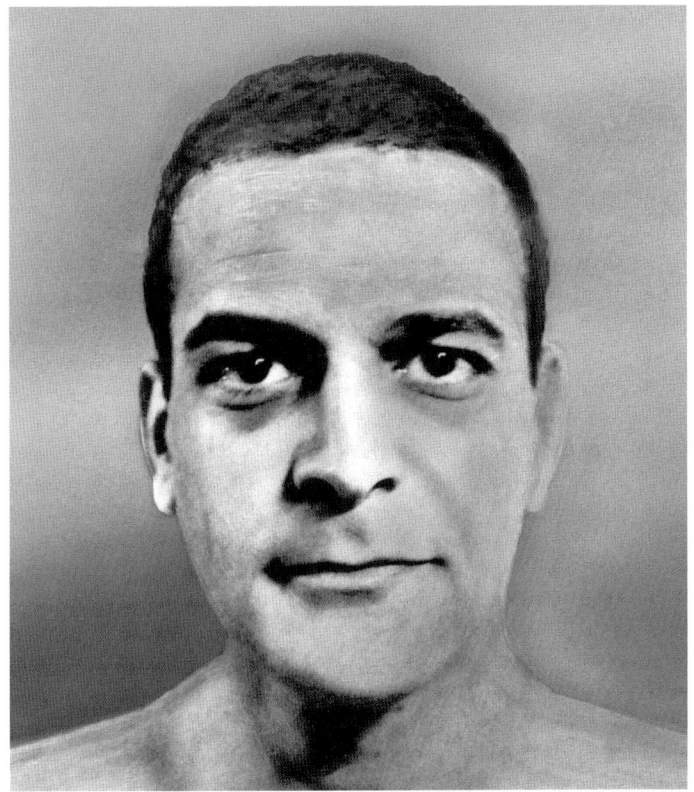

Das Gesicht eines Mannes, der einer der berühmtesten politischen Mörder wurde: Jaume Ramon Mercader brachte Leo Trotzki um.

lich. Am 20. August 1940 gegen 17.20 Uhr ist es so weit. Ramon Mercader tötet Stalins Todfeind Nr. 1 – mit einem Eispickel. Sein Opfer ist Lew Dawidowitsch Bronstein, berühmt als *Leo Trotzki*, Gründer der Roten Armee, marxistischer Weltrevolutionär und Stalins gefährlichster Gegenspieler. Ramon Mercader kommt für 20 Jahre hinter mexikanische Gitter. Er hat seine Heimatstadt Barcelona nie wiedergesehen.

Barri Gòtic: In diesen Gassen wuchs Jaume Ramon Mercader auf.

Die jugendliche Revoluzzer-Entwicklung Mercaders kann man im historischen Umfeld Barcelonas besser verstehen: Ramon wächst in einem wohlhabenden Elternhaus im *Barri Gòtic* auf. Seine Großeltern väterlicherseits waren reiche Kaufleute, die ihr Vermögen in den Kolonien machten. Sein Vater *Pablo* ist erfolgreicher Textilkaufmann, seine Mutter *Maria Caridad* eine bildschöne Intellektuelle. Zu Hause spricht man Català und Französisch. Ramon geht auf die besten Schulen Barcelonas, fährt aber in seinen Ferien lieber mit den Fischern von *Sant Feliu de Guíxols* an der Costa Brava aufs Meer raus.

Das innere Klima in der boomenden Industriestadt Barcelona ist eher revolutionär denn bürgerlich. Ramons Mama sympathisiert schon früh mit den Arbeitern der familiären Textilfabrik. Sie ist dabei, als in der Nacht vom 30. Oktober zum 1. November 1910 nach einem blutigen Wochenende zwischen Arbeitergruppen und der Armee in Barcelonas Palast der Schönen Künste die CNT gegründet wird. Die »Confederación Nacional del Trabajo« ist damals eine anarchosyndikalistische Gewerkschaft, die sich schnell in ganz Katalonien ausbreitet, Streiks und bewaffnete Straßenkämpfe organisiert und im Spanischen Bürgerkrieg 1936 bis

1939 mit zwei Millionen Mitgliedern auf der Seite der Republikaner gegen General Franco antritt. Ihre Zentrale hat die CNT in der
Carrer dels Mercaders no 25 (▸ H 5), heute noch ein uralter Block
in einer ungepflegten dunklen Parallelstraße der Via Laietana
im Antic-Viertel.

Nur 200 Meter um die Ecke befindet sich auch die Zentrale des katalanischen Unternehmerverbands. Die verunsicherten
Großbürger formieren gegen die CNT sogenannte »Freie Gewerkschaften«. Deren Hauptaufgabe besteht darin, zwischen 1917 und
1930 mit angeheuerten professionellen Todeskommandos Attentate gegen CNT-Mitglieder zu verüben. Es kommt in den dunklen Gassen der Arbeiterviertel *Barceloneta*, *Ribera* und *Raval* zu
Generalstreiks, Aussperrungen, Hungersnöten und bewaffneten
Untergrundkämpfen.

Hier treibt sich Ramon Mercader als Junge herum. Und als
Jugendlicher wird er von seiner revolutionären Mutter beeinflusst.
Maria Caridad hat sich von Ehemann und bürgerlichen Normen
verabschiedet, sucht in Anarchokreisen ihre Geliebten aus, wird
wegen Kokainbesitz bestraft und liiert sich in den 1930ern mit
einem Komintern-Agenten aus Moskau. Da hat ihr Sohn Ramon
schon die Schule geschmissen und sich in die Anarchoszene Barcelonas integriert. Er gründet 1935 eine leninistische Minipartei,
gibt im Rotlichtviertel des Raval, in der Bar *Joaquín Costa*, Carrer
Guifré (▸ E 6), Arbeiterkindern Schreibunterricht und muss nach
einem Bombenattentat für acht Monate ins Gefängnis.

Barcelona ist in dieser Zeit Hauptstadt einer anarchistischen
Republik, in der sich Milizen verschiedenster kommunistischer
Strömungen in Straßenkämpfen bekriegen. Links und rechts der
Ramblas zwischen Plaça de Catalunya und dem Kolumbus-Denk-
mal **21** (▸ G/H 6) am Hafen gibt es täglich wechselnde Barrikaden,
brennen Kirchen, sterben Unschuldige im nächtlichen Kugelhagel.

Der 23-jährige Ramon versteht sich als Klassenkämpfer für eine proletarische Diktatur mit nationalistisch-katalanischem Hintergrund. Seine Mutter, mittlerweile Agentin des sowjetischen Geheimdienstes NKWD, wirbt auch ihren Sohn an. Als Franco im Sommer 1936 den Bürgerkrieg beginnt, kämpft Ramon zunächst als Leutnant an der Front in Aragón für die Republikaner und wird durch eine Kugel in die Schulter verletzt. Zurück in Barcelona wechselt er im Untergrund wöchentlich seinen Unterschlupf zwischen Carrer Mercaders, Carrer Guifré und bei Freunden im Arbeiterviertel Barceloneta. Im ehrwürdigen Gaudí-Haus La Pedrera **9** *(▸ E 2)* im Passeig de Gràcia haben sich unterdessen die sowjetische KP, die Kommunistische Internationale und der stalinistisch-orientierte Geheimdienst NKWD eingenistet. Hier wird Ramon Mercader täglich ideologisch geschult. Aus Sicherheitsgründen legt er seinen Namen ab und wird beim Moskauer Geheimdienst als »soldado 13« geführt.

SOLDAT 13 BEGEGNET GEORGE ORWELL

Soldat 13 überfällt eine Bank in der Gran Vía und kämpft nächtens in der Altstadt mit einem Gewehr vor allem gegen die trotzkistische Miliz der POUM (Partit Obrer d'Unificació Marxista), zu der Anfang 1937 auch George Orwell gehört. Im Hotel Continental *(▸ F 5)* an der Plaça de Catalunya begegnet er ihm und beschreibt *»einen englischen Schriftsteller, der sich in Barcelonas Untergrund mehr fürchtet als an der Front in Aragon«*. Dem NKWD wird Soldat 13 immer gefügiger, dem Soldaten Mercader der anarchistische Guerrilla-Krieg in Barcelona zu heiß. Er bekommt einen belgischen Pass mit dem Namen Jacques Mornard und wird in sein drittes Leben zur militärischen Ausbildung nach Moskau geschickt. Dann schickt die Zentrale ihren Mercader-Soldat-13-Mornard nach Paris. Hier lebt die Trotzki-Vertraute und

Das Gaudí-Haus La Pedrera.
Hier hatte sich der sowjetische
Geheimdienst eingenistet.

US-Bürgerin Sylvia Ageloff. Ramon erwirbt sich ihr Vertrauen, ihre Liebe und verlobt sich mit ihr.

Diese Geschichte erinnert irgendwie an die Zeit vor dem Mauerfall, als sich DDR-Agenten, die sogenannten Romeos, vor allem in der damaligen westdeutschen Bundeshauptstadt Bonn an die Sekretärinnen in den Schaltzentralen der Regierung und der Parteien ranmachten, um sie auszuspionieren.

Der Agent Mercader wird auf den intellektuellen Weltrevolutionär und schärfsten Stalin-Konkurrenten Leo Trotzki angesetzt, dem 1932 die sowjetische Staatsbürgerschaft aberkannt wurde und der ins Exil fliehen muss, zunächst nach Paris, dann nach Oslo, schließlich 1937 nach Mexiko. Trotzki lebt von messerscharf formulierten Zeitungsartikeln und Büchern (»Die verratene Revolution«) gegen seinen ideologischen Feind Stalin, der schließlich den Mordbefehl erteilt.

Trotzki will seine Vertraute Ageloff als Sekretärin nach Mexiko holen. Die lebt aber noch in New York. Ramon Mercader, jetzt selbst Globetrotter der Revolution, der peu à peu seine katalanische Identität verliert, reist seiner Verlobten mit einem gefälschten kanadischen Pass auf den Namen Frank Jacson hinterher. 1939 kommen beide nach Mexico-City, Mercader wieder unter seinem belgischen Namen. Sylvia arbeitet wieder als Sekretärin für Trotzki in dessen Villa im Vorort Coyoacán, in der Avenida Rio Churubusco 410. Das Haus ist heute ein Museum. Mercader erhält über seine Verlobte Zutritt zu Trotzki, gewinnt sein Vertrauen, indem er ihm seine eigenen kommunistischen Artikel zur Korrektur vorlegt.

Selbst nach dem 24. Mai 1940 – Stalins Agenten verüben als mexikanische Polizisten getarnt vergeblich ein dilettantisches Attentat – schöpft Leo Trotzki keinen Verdacht bei dem ihm nun schon länger bekannten »Belgier«. Sein Französisch ist auch nicht so gut, dass er hinter dessen Französisch den starken katalanischen Akzent heraushören könnte. Trotzkis Haus ist durch Alarmanlagen und Bodyguards gesichert. Wenn er nicht schreibt oder redigiert, spielt der Weltrevolutionär mit seinen beiden Schäferhunden oder kümmert sich um seine Kakteenzucht im Garten.

MERCADER STICHT MIT DEM EISPICKEL ZU

Am 20. August 1940 ist es so weit. Moskau setzt nach dem verpatzten Attentat seinen »Schläfer« ein. Mercader kommt wie ferngesteuert ins Haus des Leo Trotzki. Ramon schwitzt, es hat 36 Grad. Trotzdem fällt niemandem auf, dass er bei dieser Hitze einen Regenmantel trägt – und darunter einen Eispickel. Dieses 35 Zentimeter lange Werkzeug benutzte man, um Eisblöcke für Cocktails zu zerkleinern. Ramon kommt an den Wachen als vertrauter Bekannter vorbei, betritt den Arbeitsraum und legt Trotzki ein Manuskript vor. Als der sich darüberbeugt, sticht Mercader mit dem Eispickel mehrmals zu. Trotzki überlebt nur einen Tag. 300 000 Mexikaner folgen seinem Sarg, seine Leiche wird eingeäschert und im Garten seines Hauses begraben. Auf dem grauen Grabstein sind Hammer und Sichel unter dem Namen »Leon Trotsky« eingemeißelt.

Der Mörder Ramon Mercader wird zu 20 Jahren verurteilt, die er bis auf den letzten Tag absitzen muss. Bereits 1941, schon hinter mexikanischen Gittern, wird er von Stalin zum »Held der Sowjetunion« ernannt. Doch als Mercader am 6. Mai 1960 aus dem Gefängnis Palacio de Lecumberri entlassen wird, will Moskau nichts mehr von ihm und schon gar nicht von Stalin oder Trotzki wissen. Und Spanien auch nicht. Denn da regiert immer noch der Diktator Franco.

Nach Barcelona kann er nicht zurück, weil ihn die Todesstrafe erwartet. Die Tschechen erbarmen sich seiner, geben ihm unter dem Namen Jacques Vendendreschd einen Pass. So kann er in ein spanischsprachiges Land auswandern; als Revolutionär ist er bei Fidel Castro auf Kuba willkommen. Als er 1978 stirbt, darf er auf Wunsch seiner Verwandten unter dem Namen Ramon Iwanowitsch in Moskau beigesetzt werden.

In Barcelona erinnert weder ein Grabstein noch eine Statue an ihn. Die dunkle, verdreckte Gasse Carrer Mercaders im Casc Antic hieß schon vor Ramons Geburt so. Mercader wurde in Barcelona vergessen, nur im Film nicht. 1971 verfilmt Joseph Losey die Geschichte des Revolutionärs unter dem Titel »Das Mädchen und der Mörder – die Ermordung Trotzkis«. Da spielt Alain Delon den Ramon, Richard Burton den Trotzki und Romy Schneider die Sekretärin Sylvia Ageloff.

CASA MILÀ/LA PEDRERA `9` ▸ *E 2*
Passeig de Gràcia 92, Eixample
▸ Metro: Passeig de Gràcia

RESTAURANTE LOS CARACOLES `37` ▸ *G 6*
Carrer dels Escudellers 14, Barri Gòtic
www.loscaracoles.es
▸ Metro: Jaume I

ANTONI TÀPIES

1923–2012

*Er war der bedeutendste zeitgenössische Künstler
der Stadt. Ein politischer Maler, der von Picasso und
Miró gefördert wurde. Er war der unumstrittene Star
der linken Boheme von Barcelona.*

S eine Werke hängen im New Yorker Museum of Modern
Art, im Pariser Centre Georges Pompidou und selbstverständlich in Barcelonas größtem Museum für Zeitgenössische Kunst, *Museu d'Art Contemporani de Barcelona* **22** *(▸ F5)*,
dem MACBA an der Plaça dels Angels. In dieses supermoderne,
beeindruckende Gebäude im ansonsten eher schmuddeligen Barri
Raval rechts der Ramblas gehen viele nur wegen der Werke von
Antoni Tàpies. Er gilt neben Picasso, Dalí und Miró als der wichtigste zeitgenössische Maler Kataloniens und ganz Spaniens. Und
wie er selbst sagt, habe er von *Picasso* und *Miró* zu deren Lebzeiten
zwischen 1948 und 1970 »unendlich viele Inspirationen erhalten«.

Antoni stammt aus einer großbürgerlichen Familie und
wird 1923 in eine Zeit hineingeboren, die in Barcelona stark
vom katalanischen Republikanismus geprägt ist. Sein Vater
arbeitet in einflussreicher Position als Jurist in der Generalitat,
der katalanischen Landesregierung, und gibt ihm während des
Bürgerkriegs 1936 bis 1939 eine kultivierte, liberale Anti-Franco-

Der katalanische Maler, Grafiker und Bildhauer Antoni Tàpies
zeigt in seinem Atelier eines seiner Werke.

Einstellung mit auf den Weg. Antoni wird auf die besten Schulen geschickt, mehrere Jahre auch auf das Colegio Aleman, auf die Deutsche Schule in der Avinguda del Tibidabo, auf die auch der spätere katalanische Ministerpräsident Jordi Pujol ging.

Antoni Tàpies wächst in der vornehmen, noch eher dörflichen Oberstadt, im Barri Sarrià auf, in einer Villa in der *Carrer de Sant Elies* (▸ *B 1)*. Das ist der Stadtteil Barcelonas, der als schi-

*Die Fundació Antoni Tàpies wird gekrönt von der Metallskulptur
»Wolke und Stuhl« des Künstlers.*

ckes Quartier der linke Boheme gilt. Sarrià, das Gauche divine, das auch Gabriel Garcia Márquez zwischen 1969 bis 1975 erlebte und liebte, ist mit seinen oppositionellen Zirkeln und Künstlerabenden in den großzügigen Vorstadtpalästen auch der geistige Humus für den Jurastudenten Antoni Tàpies. Er liest Nietzsche, Thomas Mann, Heidegger und Sartre, zeichnet vor allem Bilder von Picasso, Miró sowie Van Gogh ab und befreundet sich mit dem katalanischen Dichter Josep Vincenç Foix. Der ist gleichzeitig Konditor; seine *Confitería Foix* **11** *(▸ F5)* in der Carrer Major de Sarrià no 57 gilt heute noch als die beste Barcelonas. Foix animiert ihn zum Kunststudium in der Acadèmia Valls.

Tàpies gibt das Jurastudium auf, mietet 1946 ein Studio in der *Carrer de la Diputació (▸ E4)* und arbeitet sich an den von ihm bewunderten Surrealisten Max Ernst und Paul Klee ab. Bereits mit seinen ersten Malereien hat er Verkaufserfolge, darunter

»Zoom« (1946), ein mit Schlemmkreide und Öl auf Leinwand im Primitivismus-Stil gemaltes Sonne-Erde-Sonnengesicht, das als Protest gegen die moderne, industrialisierte Gesellschaft gilt. Es ist heute in seiner *Fundació Antoni Tàpies* **13** *(▸ E 3)* in Barcelona zu sehen. Er praktiziert gern und immer öfter verschiedene technische Prozesse: Aus Manilapapier und den Todesanzeigen einer Zeitung konstruiert er 1947 »Das Kreuz« als politischen Protest gegen Francos tödliche Kommunistenjagd nach dem Bürgerkrieg.

In seinen Materialbildern mit Marmorstaub, Sand und dicker Ölfarbe spielt er mit rissigen Geraden, kurvigen Spalten und abgekratzten Farbkrümmungen. Berühmt ist sein Werk »Els solcs« (»Die Furchen« 1952), das in horizontalen Streifen die katalanische Fahne abbildet.

TÀPIES MALT GEGEN DAS FRANCO-REGIME

Neben seinen immer politischer werdenden Arbeiten manifestiert sich in Tàpies auch der kreative »rauxa«- mit dem geldorientierten »seny«-Katalanen. Zielbewusst plant er Ausstellungen und Kontakte. 1948 lernt er *Miró* kennen, 1951 besucht er in Paris *Picasso*. Beide begleiten ihn beratend und inspirierend auf seiner Weltkarriere: Einzelausstellungen in Venedig und Paris (1952), in New York 1953, Minneapolis (1954), Stockholm (1955), Manchester (1957), Mailand (1958) und immer wieder Venedig, New York und Barcelona sowieso. In den 60er-Jahren konzentriert er sich auf den deutschen Markt mit der Documenta in Kassel (1964) und vielen Ausstellungen in München, Bonn und Berlin.

In Spanien verschärfen sich die gesellschaftlichen Proteste gegen das Franco-Regime. Tàpies ist 1966 bei einem Geheimtreffen im Kapuzinerkloster von Sarrià dabei. Die »Caputxinada« will eine demokratische Uni-Gewerkschaft gründen, fliegt aber auf. Tàpies kommt für zwei Tage ins Gefängnis und wird zu einer

Geldstrafe verurteilt. Was ihn nicht daran hindert, weiter an den Protesten teilzunehmen. Mit befreundeten Folkloresängern wie *Raimon* mit seinem »Diguem no« (»Sagen wir Nein«) oder *Lluís Llach* mit seiner katalanischen Nationalhymne »L'Estaca« (»Der Pfahl«) organisiert er in Barcelona Musikfestivals, die als »katalanische Woodstocks« zum Sturz Francos auffordern.

1970 protestiert er auf einem Treffen im Benediktinerkloster Santa María de Montserrat gegen den Burgos-Prozess, bei dem letztmalig baskische ETA-Terroristen zum Tode verurteilt und mit der »Garrot vil«, einer Würgeschlinge aus Draht, hingerichtet werden. In einer Reihe grafischer Monotypien zeigt Tàpies 1974 die politische Realität durch Abbilder von »Mauern« mit anklagenden Protest-Graffitis. Sein international renommierter Künstlername schützt ihn aber bis zum Ende der Diktatur 1975 vor Verfolgung.

EIN EIGENES MUSEUM FÜR DEN KÜNSTLER

In der ersten Demokratisierungsphase danach entwirft er zwar noch Lithos und Plakate zur Abschaffung der Todesstrafe und für die katalanische Autonomiebewegung. Aber mit dem ersten Hauch katalanischer Freiheit ist er auch wieder weltweit für seine Einzelausstellungen unterwegs, wird 1979 zum Ehrenmitglied der Berliner Akademie der Künste und 1981 von König Juan Carlos I mit dem höchsten Staatsorden für seine kunstpolitischen Engagements geehrt.

Es folgen Jahre mit Werken, die Tàpies Faszination für die Magie, für das Okkulte erkennen lassen. Schattenhafte Malereien wie das »Triptic blau«, zu bewundern in seinem eigenen Museum, in seiner *Fundació Antoni Tàpies* 13 *(▸ E 3)*. Womit wir an einen entscheidenden Punkt seines Lebens gelangen. Weniger aus Eitelkeit als vielmehr auf Druck guter Freunde und in Besinnung seines

*»Hommage à Picasso«
von Tàpies: ein Glaskubus
mit Möbeln im Innern.*

mittlerweile reichen künstlerischen Lebens plant er mit den Stadtoberen ein eigenes Museum, ebenso wie Miró und Picasso. Letzterem hat Tàpies im Parc de la Ciutadella *(▸ H 5)* in Nähe des Passeig de Picasso ein riesiges Denkmal aus kubischen Formen in einem Glasgehäuse geschaffen, mit fließenden Quellen und bunten Lichtreflexen.

Das Startsignal für den Museumsplan gibt die Stadt, die Eigentümerin eines alten Verlagsgebäudes in bester Lage ist, in der Carrer d'Aragó no 255, nur 100 Meter von der mit eleganten Boutiquen bestückten Luxusmeile Passeig de Gràcia entfernt. Als Tàpies den von dem Gaudí-Konkurrenten *Lluís Domènech i Montaner* 1885 im prächtigsten katalanischen Jugendstil (Modernisme) und mit maurischen Elementen verzierten Stadtpalast sieht, ist er sofort verliebt in das Projekt.

Die Stadt stellt das Gebäude zur Verfügung, übernimmt den Großteil der Renovierungsarbeiten, Tàpies stellt seine Sammlung als Stiftung zur Verfügung. Die *Fundació Antoni Tàpies* **13** *(▸ E 3)* wird im Juni 1990 eröffnet. Hier schließen zwei große Künstler einen Kreis, in dem sich die Modernisme-Architektur Montaners mit der katalanischen Kunst des politischen Malers Tàpies vereint.

Allein die Fassade des roten Backsteingebäudes ist sehenswert: Der Haupteingang wird von zwei Türmen flankiert, links und rechts unterteilen je drei vertikale Pilaster die dreistöckige Front. Obendrauf stehen drei Terrakottabüsten, die die literarischen Lichtgestalten Dante, Cervantes und Milton darstellen. Die Bekrönung des Gebäudes mit dem Engel und der Trompete ist eine symbolische Anspielung auf die glorreiche katalanische Vergangenheit als unabhängiges Königreich.

Die arabisch anmutende Fassade hat auch Tàpies respektiert und nicht verändert. Aber dann hat es den großen Künstler doch noch gejuckt, und er hat einen draufgesetzt, im wahrsten Sinne des Wortes – die Skulptur »Núvol i cadira« (»Wolke und Stuhl« 1990), die das gesamte Gebäude krönt. Ein Metallgeflecht aus rostfreiem Stahl und silberüberzogenen Aluminiumrohren, 12,70 Meter hoch, 24 Meter breit und 6,80 Meter tief. Das sieht von gegenüber aus, als habe sich da jemand mit Stacheldraht ausgetobt. Aber es ist natürlich Kunst, große Kunst – eine Wolke mit Stuhl. Ein wiederkehrendes Motiv, mit dem Tàpies seine meditativen und nachdenklichen Träume offenbart.

EIN DOMIZIL IM JUGENDSTIL

Die *Fundació* zeigt in lichtdurchfluteten Sälen über 600 Objekte des Künstlers. Beispielsweise Zeichnungen mit Kohle und Tinte (»Dibuix« 1948), Mischtechnik auf Leinwand (»Pintura rosa« 1959), Mischtechnik auf Holz (»Blau emblemàtic« 1971), eine Matratze auf Bronze (»Matalàs« 1987).

In den letzten Jahren waren seine Ausstellungen und Ehrungen zwischen New York, Tokio und Madrid nicht weniger geworden. Doch den Künstler hielt es immer mehr in Barcelona. Bis zu seinem Tod am 6. Februar 2012. Seit vielen Jahren wohnte Antoni Tàpies – altersbedingt – in einem bequemeren Apartment mit angeschlossenem Studio im Stadtteil *Sant Gervasi* nahe der Plaza Molina. Manchmal ließ er sich zum Essen ins Café Vienès des Fünf-Sterne-Hotels *Casa Fuster* **17** *(▸ D 2)* fahren, nur einen Kilometer entfernt am oberen Ende des Passeig de Gràcia. Da fühlte er sich zu Hause, denn dieses frisch renovierte Gebäude ist ebenso ein prächtiges Jugendstilkunstwerk von Lluís Domènech i Montaner wie sein Tàpies-Museum. In diesem Wiener Café spielte übrigens Woody Allen 2008 während der Dreharbeiten zu »Vicky Cristina Barcelona« spontan vor Gästen zwei Stunden lang Klarinette.

Antoni Tàpies, der Mann mit dem kritischen Blick hinter der runden Stahlbrille, malte bis zu seinem Tod. Im Vertrag mit der Stadt für die Fundació steht, dass er dem Museum jedes Jahr noch mindestens ein Gemälde stiften muss. Seine letzten geheimnisvollen Bilder kommen nun alle ins Museum. Er selbst hielt sie nicht für abstrakt. Vielmehr, so meinte er, seien es Abbilder der realen Wirklichkeit. Das war Antoni Tàpies Wahrheit. Sie gilt über seinen Tod hinaus.

FUNDACIÓ ANTONI TÀPIES 13 ▸ *E 3*
Carrer d´Aragó 255, Eixample
www.fundaciotapies.org
▶ Metro: Passeig de Gràcia

HOTEL CASA FUSTER 17 ▸ *D 2*
Passeig de Gràcia 132, Eixample
www.hotelescenter.es/casafuster
▶ Metro: Passeig de Gràcia

MUSEU D'ART CONTEMPORANI 22 ▸ *F 5*
Plaça dels Àngels 1, El Raval
www.macba.es
▶ Metro: Universitat

GABRIEL GARCÍA MÁRQUEZ

geb. 1927

*Der Schriftsteller aus Kolumbien war schon ein Star
der internationalen Literaturszene, als er nach
Barcelona ging. Er kam, sah und siegte – vor allem
in Bars und Intellektuellen-Zirkeln der Stadt.*

E r ist ein Magier des Bildhaften, der ungezügelten Fanta-
sie, der rauschhaften Erzähllust. Sein Stil des magischen
Realismus brachte ihm mit dem Roman »Hundert Jahre
Einsamkeit« über 30 Millionen Käufer und 1982 den Literatur-
Nobelpreis. Den 1927 in Kolumbien geborenen Journalisten und
Romancier zieht vor allem eine 1385 Meter lange Flaniermeile
in Barcelona magisch an: Die *Ramblas* sind wie ein Magnet für
Gabriel José García Márquez. »Gabo«, wie ihn seine Freunde nen-
nen dürfen, lebte von 1969 bis 1975 in Barcelona. Die katalanische
Hauptstadt wird für sechs Jahre sein Zuhause, sie gilt ihm als
Zuflucht, als sein Versteck, zum Untertauchen in der anonymen
Masse. Denn nach dem Rummel um den »Einsamkeits«-Roman,
den er 1967 schrieb, und »weil die politische Situation in Kolumbien wegen der Drogenmafia auch für Privatpersonen immer
unsicherer wurde«, wird Márquez zu einem Barceloner auf Zeit.

Zwar zieht er in das großbürgerliche Viertel Sarrià am Fuße
des Tibidabo, aber vor dem modernen Apartmentblock in der

Magier des Bildhaften und der rauschhaften Erzählkunst: Gabriel García Márquez lebte sechs Jahre lang in Barcelona.

ruhigen Seitenstraße *Carrer Caponata no 6* hält fast jeden zweiten Tag ein Taxi, um Márquez bis zur *Plaça de Catalunya* zu bringen, ins Herz der Stadt, mit mehr Tauben als auf dem Markusplatz in Venedig. Dort zieht es ihn in das mit viel Holz, Leder und Marmortischen ausgestattete *Café Zurich (▸ F5)*.

Zu seinen Barcelona-Zeiten mutiert es allmählich vom Intellektuellen-Treff zu einem Touristen-Cafe. Vor einigen Jahren ris-

Das Café Zurich an der Plaça de Catalunya war eines der Stammlokale von »Gabo« Marquez.

sen es neue Bauherren ab und pflanzten diese Institution mit allem alten Interieur in einen modernen Betonbau. Schade, aber immerhin: Von der Terrasse erblickt man den obersten Teil der fünf Ramblas-Abschnitte, die »Canaletes«.

»Rambla« kommt aus dem Arabischen »al-raml« und heißt »natürliches Flussbett«. Im 14. Jh. wurde der Fluss trockengelegt, 1735 die Kanalisation angelegt, und schon 1781 erstrahlten die ersten Laternen den Boulevard. Davon stehen einige heute noch. 1970 schreibt Gabriel García Márquez für eine spanische Zeitung mit der Überschrift »Die Nostalgie der Nostalgie« eine Eloge über diese Hauptschlagader Barcelonas: *»Die Ramblas waren belebter und verrückter als je zuvor, noch immer prachtvoll mit den Lichtern und Farben des Lebens. Und inmitten dieser lärmenden Menge zerstreuter Gringos und der stattlichen, schon im Januar halbnackten Schwedinnen gab es die Exilanten mit ihren öffentlich zur*

Schau gestellten Bauchläden voller Kleinkram, die Kinder in Tücher gehüllt, um irgendwie, so gut es ging, zu überleben.«

Gut möglich, dass Márquez dieses Loblied auf einem der vielen Holzstühle zwischen dem alten Zeitungskiosk und dem bronzenen Canaletes-Brunnen geschrieben hat. Schreibkundige, sogenannte »memorialistas«, boten hier noch in den 50er-Jahren ihre Dienste auf wackeligen Klapptischen an. Dieser erste Rambla-Abschnitt ist immer schon die Bühne für Demonstranten und Diskutanten gewesen, ähnlich der Speaker´s Corner im Londoner Hyde Park. Arm und reich, Anzugträger und Rucksacktouristen diskutieren hier Politik und insbesondere jedes Barça-Spiel.

MÁRQUEZ LIEBT DAS BRODELNDE STRASSENLEBEN

Auch der kolumbianische Schriftsteller mischt sich oft als bekennender Barça-Fan unter die Debattierer. Seine Bücher sind zwar weltberühmt, aber als Diskutant wird er in Barcelona meist gar nicht erkannt. Schon eher in der Cocktailbar *Boadas* **2** *(▸ F 5)* gleich gegenüber an der Ecke C. Tallers. An der eleganten Mahagonibar trifft er sich manchmal mit seinen kongenialen Kollegen *Manuel Vázquez Montalbán* oder *Mario Vargas Llosa*. Die Bar hat glücklicherweise bis heute weder Interieur noch Stil geändert.

Etwas weiter unten, auf der Rambla dels Estudis, bietet der Tiermarkt exotische Abwechslung. Mehrere Kioske haben Käfige voller Papageien und Schildkröten ausgestellt. In den 60ern sah man hier sogar noch Babys mit dem Schild »adopción?« auf Frauenarmen. Kam einer der gefürchteten, dreiecksbehelmten Guardia-Civil-Polizisten näher, wurde das Schild schnell abgenommen und versteckt.

Heute verkaufen sich auf diesem Rambla-Abschnitt besonders die selbstinszenierenden Künstler als leblose Statuen. Nur wenn die Kasse klingelt, lacht die Che-Guevara-Figur, winkt die Flamenco-Tänzerin mit ihrem Fächer oder erhebt sich ein Graf Dracula aus dem Sarg. Lebende Skulpturen, die im Lärm der Ramblas von der Stille leben. So wie die Blumenpracht auf der Rambla de Sant Josep, die man auch »de les flors« nennt. Es gibt über ein Dutzend Blumenkioske, die Nelken und Rosen an Hochzeiter, Dekorateure und Flaneure verkaufen. Schon Federico García Lorca war begeistert von *»diesem Duft, dieser Pracht und den reizenden Blumenverkäuferinnen«*. Ihnen widmete er 1935 sein Werk »Doña Rosita oder die Sprache der Blumen«.

Ein Genießer wie »Gabo« Márquez lässt auf dieser Höhe selten einen Besuch im Bauch von Barcelona aus, in der Markthalle *Boquería* **5** *(▸ F 6)*. Links und rechts der folgenden Rambla dels Caputxins stehen prächtige Häuser wie die Oper *Gran Teatre del Liceu* **16** *(▸ G 6),* gleich nebenan das Jugendstilluxushotel Oriente **18** *(▸ G 6)*, das uralte Café de L'Opera **6** *(▸ G 6)* gegenüber, die berühmte Pastelería Escribá mit süßem Backwerk sowie der Jugendstilpalast Palau Güell **28** *(▸ G 6)* am Anfang der Nou de la Rambla. Schmiedeeiserne Terrassencafés auf beiden Seiten dieser Rambla laden dazu ein, Straßenkünstler, Nelkenfrauen und auch Taschendiebe bei ihrem jeweiligen Handwerk zu beobachten.

Der Flaneur Márquez lässt sich den Boulevard hinuntertreiben, bis zur *Rambla de Santa Monica (▸ G 7)*, dem schummrigsten letzten Teil in Hafennähe. Kurz vor der Kolumbus-Statue **21** *(▸ G/H 6)* und dem Wachsmuseum auf der linken Seite steht das Haus Nr. 24, sein Lieblingsrestaurant *Amaya* **33** *(▸ G 6/7)*. Die Küche hat sich kaum geändert: baskisches Essen, viel Fisch und kühler Sidra (Apfelwein).

»Heimweh nach meinen Ramblas« ist es nicht allein, was Gabriel García Márquez sechs Jahre in Barcelona hält. Die katalanische Metropole ist seit über 100 Jahren auch die literarische Hauptstadt Spaniens. Nicht nur in Català, sondern auch in Castel-

Obststand in der Markthalle Boquería, eines der Lieblingsziele des Schriftstellers.

lano erscheinen hier zehnmal so viele Bücher pro Jahr wie in Madrid. Mitte der 60er-Jahre bildet sich in Barcelona der Intellektuellen-Zirkel »Gauche divine«, der sich in bissiger bis wohltemperierter Kritik am Franco-Regime übt. Professoren gehören dazu, Künstler, katalanische Schriftsteller, Salon-Kommunisten sowie Söhne und Töchter aus betuchten Barceloner Familien, die »mit Brot unterm Arm geboren werden«, wie es hier heißt. Die meisten von ihnen wohnen nach Auslandsstudien nun wieder in *Sarrià*.

Eine der zentralen Figuren der »Gauche divine« ist der Verleger *Carlos Barral*, ein begeisterter Segler mit grauem Vollbart. Er repräsentiert mit seinem Verlagsangebot an moderner Literatur Spaniens geistige Öffnung und hat vor allem auf dem südamerikanischen Buchmarkt einen Ruf wie Donnerhall. Es ist also kein Zufall, dass dieser unruhige Intellektuelle für die beiden Südamerikaner Mario Vargas Llosa aus Peru und den Kolumbianer Gabriel García Márquez eine Art Lockvogel spielt. Und es ist auch kein Zufall, dass beide fast gleichzeitig in dieselbe Straße ziehen, in die kleine *Carrer de Caponata*, ganz in der Nähe Barrals und der Plaça Artós. Das Netzwerk der »Gauche divine« wird für beide Romanciers die intellektuelle Ersatzfamilie.

Man trifft sich im kultivierten, eher dörflichen Ambiente *Sarriàs* beim Einkaufen oder in der heute noch überaus beliebten Konditorei *Confitería Foix* **11** *(▸ F 5)* in der Carrer Major zu einem Kaffee mit Petit Fours und Karamellbonbons. Bei den abendlichen Diskussionen des »Gauche divine«-Kreises in Privatwohnungen von *Sarrià* mischen die beiden Südamerikaner die katalanischen Intellektuellen gehörig auf. Marquez, seit jeher im sozialistischen Lager beheimatet, war bereits 1959 von seinem Freund Fidel Castro gebeten worden, ein Buch über die siegreiche Revolution auf Kuba zu schreiben. »Gabo« kann mit seinem nicht ganz so links tickenden Kollegen Mario Vargas Llosa – er erhält 2010 den Literatur-Nobelpreis – trefflich über die reine sozialistische Lehre und über den Übergang der allmählich schwächelnden Franco-Diktatur in eine Demokratie streiten.

MÁRQUEZ DISKUTIERT, LLOSA IST BELEIDIGT

Das führt so weit, dass Vargas Llosa, erbost oder zumindest beleidigt, aus der *Carrer de Caponata* in eine Wohnung an der Via Augusta zieht. Und dort setzt die »Gauche divine«-Gruppe bei Wein und Tapas und in Anwesenheit des deutschen Schriftstellers Hans Magnus Enzensberger einen offenen Brief an Fidel Castro auf, der aber Llosa nicht behagt. Noch weniger gefällt ihm, dass seine drei Kinder in der Schule nicht nur das Schriftspanisch Castellano lernen, sondern vor allem Català. Als er 1974 Barcelona verlässt, ist das sein Hauptmotiv für die Rückkehr in seine Heimat. Andererseits sagt er in einem Interview mit »El País«:

»Barcelona waren meine glücklichsten Jahre, nein, hier war ich wohl erstmals richtig glücklich.«

Gabriel Garcia Márquez genießt Barcelona und sein mit großem Balkon und Palmengarten ausgestattetes Luxusapartment. Nur Außenstehende wundern sich, wie dieser Linke ausgerechnet mit der Intoleranz und Zensur des Franco-Regime klar kommt. Doch das hat seinen Grund: Márquez schreibt in Barcelona den Roman »Der Herbst des Patriarchen«, eine Geschichte über Aufstieg und Fall eines lateinamerikanischen Diktators. Das Vorbild dieser Figur hat er in persona des Caudillos Francisco Franco täglich vor Augen. Auch Franco ist in den letzten fünf Jahren bis zu seinem Tod 1975 nicht mehr alleiniger Herrscher seines Gewaltsystems. Der Opus Dei beherrscht – über mehrere Ministerposten – den Machtapparat und lockert ihn allmählich. Als Franco stirbt, ist auch »Der Herbst des Patriarchen« geschrieben, und Márquez verlässt sein geliebtes Barcelona. Er gründet in seiner Heimat Kolumbien die linksliberale Tageszeitung »El Otro« und das Politikmagazin »Cambio«. »Aus Sicherheitsgründen« lebt er jedoch mit seiner Familie in einem Vorort von Mexico City.

Seine einst in Barcelona mit Vargas Llosa so nachbarschaftlich gepflegte Freundschaft geht 1986 vollends in die Brüche. Der Peruaner kritisiert Márquez auf einem PEN-Kongress wegen dessen kritikloser Überbewertung des sozialistischen Systems als »Höfling Castros«. So stirbt eine Freundschaft, die einst in Barcelona ihren Anfang nahm.

BAR BOADAS 2 ▸ *F5*
Carrer de Tallers 1, El Raval
▶ Metro: Espanya

CONFITERÍA FOIX 11 ▸ *F5*
Carrer Major de Sarrià 57, Sarrià
www.foixdesarria.com
▶ Metro: Sarria

RESTAURANTE AMAYA 33 ▸ *G 6/7*
Las Ramblas 24, Barri Gòtic
www.restauranteamaya.com
▶ Metro: Drassanes

MONTSERRAT CABALLÉ

geb. 1933

Das Barceloner Eigengewächs ging in die Welt hinaus, um ihre Stadt zu erobern. Nach Triumphen in New York, Mailand, London und Paris kehrte sie in ihre Heimat und auf die Bühne des Liceu zurück.

Die Nabelschnur hatte sich fest um den Hals der Neugeborenen geschlungen. Die Gesichtsfarbe wurde blau-violett, das Mädchen drohte zu ersticken. Es war der 12. April 1933 gegen 21.00 Uhr in einer kleinen Wohnung in der *Carrer d'Igualada (▸ D 1)*, als Dr. Company bei der Hausgeburt die rettenden Handgriffe unternahm. Damit schenkte er Maria de Montserrat Viviana Concepción Caballé i Folc das Leben und der Welt eine der größten Operndiven. Vielleicht die größte lyrische Sopranistin nach Maria Callas: Montserrat Caballé, von ihren Freunden und Barceloner Fans nur »Montse« genannt.

Montserrat ist ein weit verbreiteter katalanischer Vorname und kommt von »montaña«, »Gebirge« und »sierra«, die »Säge«. 30 Kilometer nordwestlich von Barcelona liegt der wild gezackte Bergrücken *Montserrat*, der wegen seines Klosters, der mittelalterlichen Einsiedeleien und einer schwarzen Marienstatue aus dem Jahre 1200 von den Katalanen auch als »Heiliger Berg« verehrt wird. Deswegen also »Maria de Montserrat«.

Große Sängerin mit großem Herzen: Montserrat Caballé wurde in Barcelona geboren. Bis heute lebt sie in der Stadt.

Das Stadtviertel, in dem das Mädchen aufwächst, heißt *Poblet* (»Dorf«) und liegt östlich des noblen Jugendstil-Eixample. Die *Carrer d'Igualada* findet man in der Nähe der unvollendeten Kirche Sagrada Família 28 *(▸ G 1)*. Damals ist das *Barri Poblet* tatsächlich noch dörflich und kleinbürgerlich. Erst der Kulturtourismus zur Sagrada Família hat mit Cafés, Restaurants und Souvenir-Boutiquen einen gewissen Wohlstand nach *Poblet* gebracht. Doch

Das Opernhaus Gran Teatre del Liceu an den Ramblas wurde
nach einem Brand wieder vollständig restauriert.

damals rümpfen die meisten Barceloner noch die Nase über die Baustelle von Gaudí, der von den einen als Geldverschwender angesehen wird, von den anderen als größenwahnsinnig.

Caballés Kindheit ist von Armut geprägt. Barcelonas Wirtschaft wird erst durch viele Generalstreiks und anarchistische Verwaltung geschwächt, danach verschärfen der Bürgerkrieg und anschließend der Zweite Weltkrieg die allgemeine Situation noch mehr. Vater *Carlos* ernährt die Familie mehr schlecht als recht mit einem kleinen Lebensmittelladen. Als er krank wird, müssen Mama *Ana* und auch die kleine Montserrat in Wäschereien und Schneiderstuben aushelfen.

Die Schülerin Montserrat Caballé zeigt außer für Geschichte und Erdkunde wenig Interesse für die Unterrichtsfächer, mit der großen Ausnahme Musik. Mit sieben Jahren bekommt sie eine Karte für »Madame Butterfly« geschenkt. Im Opern-Olymp der reichen Barceloner, im *Gran Teatre del Liceu* 16 *(▸ G 6)*, bestaunt sie den goldenen Prunk des Musiktempels, ist begeistert von der Stimme der *Mercedes Capsir*, aber auch erschrocken über den Tod von Madame Butterfly. Dieser Abend prägt ihr Leben und weckt ihren musikalischen Ehrgeiz. Zu Weihnachten 1940 singt sie ihren Eltern als Geschenk die Arie »Un bel di vedremo« vor. Wenig später darf sie Unterricht am angesehenen Conservatorio del Liceu in Gehörschulung und Harmonielehre nehmen.

Doch das Geld ist knapp. Die Musiklehrer schwärmen von ihrer außergewöhnlichen Begabung und Willenskraft und emp-fehlen sie wohlhabenden Bürgern als Stipendiatin. Mäzenatentum und Kunstförderung war und ist in Barcelona in den besseren Kreisen üblich. Nach einem Vorsingen garantiert ihr die durch Handel mit den spanischen Kolonien in der Karibik reich gewor-dene Familie Bertrand ein Musikstipendium über mehrere Jahre. Montserrat kann nun ganztägig ins Konservatorium gehen. Sie nimmt sogar Ballettunterricht, denn mit ihren zwölf Jahren ist sie noch dünn wie eine Bohnenstange.

SIE WILL SINGEN – UND GEHT NACH BASEL

Ihre Lieblingsrollen als lyrischer Sopran sind die Susanna in »Figaros Hochzeit«, die Mimi in »La Bohème« und die Lucia in »Lucia di Lammermoor. Ihre abschließende große Gesangsprü-fung am *Conservatorio del Liceu* besteht 1955 aus der Arie der Gräfin Almaviva im 2. Akt von »Figaros Hochzeit« und aus Aga-thes »Und ob die Wolke« im 1. Akt des »Freischütz«. Die Musik-lehrer sind begeistert, aber einen Job in ihrem geliebten heimat-lichen Opernhaus gibt es (noch) nicht für sie. Die junge Frau braucht Erfahrung und zieht in Europa um die Häuser. Zunächst in Italien mit wenig Glück und einem schlechten Manager: Probe-singen in Mailand und Rom, ein geplatztes Festival in Florenz und frustrierende Reservebesetzungen auf Zeit. Caballé aber will singen und Erfahrung sammeln und geht für drei Jahre an die Oper von Basel. Aus Barcelona-Sicht eine künstlerische Provinz, aber sie wird dort mit großem Ehrgeiz und auch Glück bald erste Sopranistin ... und so geliebt, dass sie als Salome in der gleichnamigen Oper 1959 sogar ihren ersten großen Gastauftritt an der Wiener Staatsoper unter Herbert von Karajan erhält. Man bietet ihr einen Fünf-Jahres-Vertrag an, den sie aber ablehnt, weil sie nicht das fünfte Rad unter den großen Wiener Sopranistinnen sein möchte.

DANN RUFEN NEW YORK, PARIS UND LONDON

Nach drei weiteren Lehrjahren an der Bremer Oper kommt zunächst ihr mit Spannung erwartetes Debüt im heimatlichen *Liceu* **16** *(▸ G 6)*, am 7. Januar 1962 in »Arabella«. Die Barceloner schließen sie von diesem Tag an bis heute in ihr Herz. Danach erfolgt der weltweite Durchbruch: Mit Donizettis »Lucrezia Borgia« in Londons Carnegie Hall und Auftritten an der Metropolitan Opera in New York wird sie zum Weltstar. Die Diva, die italienische Opern von Rossini, Verdi, Puccini und Vicenzo Bellini rauf und runter singt, tritt in den 1960er-Jahren nun öfter in Wien, München, Paris, Brüssel und immer wieder in London und New York auf.

In Mailand brilliert sie am 16. April 1966 neben Renata Tebaldi und Birgit Nilsson. Plattenverträge bringen die erste Dollar-Million. Überall wird sie als »La Divina«, die Göttliche, gefeiert, vor allem bei ihren nun regelmäßigen Auftritten im Liceu, ganz besonders am 8. Januar 1970, als sie Bellinis Norma singt und von allen Kritikern als würdige Nachfolgerin der Maria Callas gewürdigt wird. An diesem Abend beginnt auch ihre Nachwuchsförderung des damals 23-jährigen José Carreras. Und die Norma trägt sie in den nächsten Jahren auf die besten Bühnen der Welt zwischen Paris, Mailand und New York.

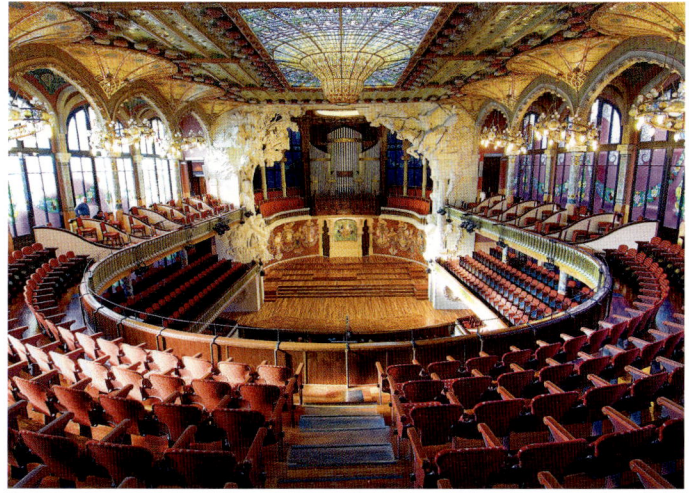

Einer der prächtigsten Konzertsäle der Welt: der Palau de la Música Catalana, Heimstatt von Montserrat Caballé.

Zwischen Tourneen und Festivals nimmt sie sich die Zeit für die Hochzeit mit dem Barceloner Opernsänger *Bernabé Martí* und für die Geburt einer Tochter (*Montsita*) und eines Sohnes (*Bernabé jr.*). Die Liebe zu ihrer Familie mindert ihre Reiselust, sodass sie immer öfter Auftritte im Liceu hat, meist mit Carreras oder Plácido Domingo als Partner. Außerdem gibt sie im schönsten Musikpalast der Welt, dem mit Jugendstil prachtvoll, fast kitschig prunkvoll ausgeschmückten *Palau de la Música Catalana* **25** *(▸ G 4)* an der Via Laeitana, gelegentliche Solokonzerte. Und wenn sie jährlich für zwei Monate an die Met nach New York geht, dann nimmt sie eben die Familie mit.

Dann, Anfang 1987, ist sogar ein Weltstar wie die Caballé nervös, als sie im Barceloner Hotel Ritz einen ganz anderen Weltstar trifft: Nach einem Auftritt der englischen Rockgruppe »Queen« in Barcelona hatte deren Frontmann *Freddie Mercury* in einem

TV-Interview gesagt: *»Señora Caballé ist für mich die bedeutendste Person Spaniens«*, er würde sie gern kennenlernen. Das passt, denn Montserrat hat von Barcelonas damaligem Oberbürgermeister Pasqual Maragall den Auftrag, einen Song für Olympia 1992 in Barcelona zu schreiben. In einer Suite des Ritz hört sie sich Freddies Kompositionen und Demo-Bänder an. Eine Woche später schon besucht die Caballé nach einem Soloauftritt im Royal Opera House den extrovertierten Freddie Mercury in seiner Villa in Kensington. Sie proben und singen bis sechs Uhr früh. So entsteht der Welthit »Barcelona«, den dann beide mit Inbrunst bei der Eröffnung der Olympischen Spiele 1992 im Stadion am Montjuïc singen.

MONTSERRAT LEBT IM STADTTEIL GRÀCIA

In den folgenden Jahren häufen sich die Ehrungen, und die Auftritte nehmen ab. Nur noch den besten Opernhäusern neben dem *Liceu* 16 *(▸ G 6)* gibt sich die Diva die Ehre: 2007 in der Wiener Staatsoper singt sie die Partie der Herzogin in Donizettis »La Fille du Régiment«. Doch die Kritiken, dass ihre Stimme an Kraft verliere, werden lauter. Heute kann man Montserrat Caballé eher in ihrem Wohnviertel Gràcia einkaufen sehen als auf einer Opernbühne. Zwischen der Via Augusta und Balmes hat sie in einer kleinen Nebenstraße ein großes Apartment, nur zwei Kilometer entfernt von der Stätte ihrer Kindheit im *Barri Poblet*.

Die Stadt Gràcia wurde schon 1897 von Barcelona eingemeindet. Dennoch fühlen sich die »Gracianos« in diesem Viertel mit seinen vielen kleinen Plätzen, guten Restaurants und individuellen Boutiquen immer noch ein wenig wie auf dem Dorf. Gràcia, oberhalb der Diagonal und oberhalb des Jugendstil-Eixample-Viertels gelegen, ist in den letzten 20 Jahren zum begehrten Wohnziel für Akademiker, Künstler und viele gut verdienende Ausländer geworden – ein gemütliches Biotop jenseits der Touristenströme. Und da die Opernfans ja alle wissen, dass Montserrat Caballé sehr gern und intensiv die katalanische Küche genießt, sei eines ihrer Lieblingsrestaurants empfohlen, das *La Portería* **36** *(▸ C 1)* in der Calle Laforja no 11. Und der 2004 renovierte Jugendstilpalast *Casa Fuster* **17** *(▸ D 2)* im Passeig de Gràcia. Das vor 100 Jahren von Lluís Domènech i Montaner erbaute Meisterwerk des Modernisme hat oben neben dem Dachpool eine Cocktailbar, von der aus Montserrat Caballé gelegentlich den herrlichen Ausblick über die Stadt genießt.

Man findet den katalanischen Opernstar zuweilen auch in dem Café am Dorfplatz neben dem Uhrenturm aus dem 19. Jh., an der *Plaça de la Vila de Gràcia*. Die große Montserrat Caballé hat im Allgemeinen nichts gegen Autogrammwünsche – und sie spricht ganz gut Deutsch.

GRAN TEATRE DEL LICEU **16** ▸ *G 6*
La Rambla 51-59, El Raval
www.liceubarcelona.cat
▶ Metro: Liceu

PALAU DE LA MÚSICA CATALANA **27** ▸ *G 4*
Carrer de Sant Francesc de Paula 2, Casc Antic
www.palaumusica.org
▶ Metro: Urquinaona

RESTAURANTE LA PORTERÍA **36** ▸ *C 1*
Carrer Laforja 11, Casc Antic
▶ Metro: Fontana

MANUEL VÁZQUEZ MONTALBÁN

1939–2003

Er war politischer Autor und schrieb Krimis. Er schilderte mit Lust die Schattenseiten seiner Stadt. Und er liebte abgöttisch den Genuss, weil er wusste, dass ein halbleeres Weinglas immer halbvoll ist …

Wer oberhalb der Querschneise Avinguda Diagonal die großen Nord-Süd-Straßen wie Muntaner, Balmes oder d'Aribau in Richtung Oberstadt fährt, der blickt auf Barcelonas höchsten Berg, den Tibidabo, mit 517 Metern. Im Vergnügungspark dreht sich ein buntes Riesenrad, es scheppert eine schräge Achterbahn, und der vom Stararchitekten Sir Norman Foster für Olympia 1992 gebaute gläserne Teleturm *Torre de Collserola* leuchtet wie eine Mondrakete. Noch höher, als wollte der steinerne Christus die ganze Stadt segnen, thront die Basilika *Sagrat Cor*, die der Sacré Cœur in Paris nachgebildet ist. Nur 600 Meter Luftlinie entfernt, im fast dörflich ruhigen Stadtteil *Vallvidrera* mit Blick auf den Tibidabo, lebte der Schriftsteller und Stadtpoet Manuel Vázquez Montalbán mit Ehefrau *Anna* und Sohn *Daniel* die letzten drei Jahrzehnte bis zu seinem Tod 2003. Von seinem Garten aus hatte der politischste Intellektuelle Barcelonas *»einen Blick über den ganzen Stadtteil Sarriá und weiter über die Vía Augusta, bis zu dem dunstigen Horizont einer Stadt, die in*

Politischer Kopf, kritischer Geist: Manuel Vázquez Montalbán
schrieb sich mit Stadtkrimis in die Herzen der Barceloner.

Meeren von Kohlendioxyd ertrinkt«, schreibt er im Kriminalroman
»Die Meere des Südens«. So sieht es zumindest sein literarisches
Alter Ego, der Detektiv Pepe Carvalho.

Doch es gibt an die 300 Sonnentage pro Jahr, da haben die
meisten Besucher nicht den ewig sozialkritischen Blick Montalbáns. Da kann man bei strahlend blauem Himmel die fantastische
Fernsicht über Gaudís Sagrada-Família-Türme **39** *(▸ G 1)*, die an

*Der Vergnügungspark Tibidabo – allein schon wegen des wunder-
schönen Ausblicks ein lohnendes Ausflugsziel.*

riesige tropfende Wachskerzen erinnern, über das Jugendstil-
paradies Eixample und über die Altstadt hinweg bis hinunter zum
Hafen mit dem Kolumbus-Denkmal **21** *(▸ G/H 6)* genießen. Vom
Tibidabo aus betrachtet ist der Held und Entdecker so groß wie
ein Streichholz, eine Perspektive, die bisweilen heilsam sein kann.

Auch Montalbán hat als Kolumnist der größten spanischen
Tageszeitung »El País« oft über den Hintersinn dieses »Ti bi Dabo«
geschrieben. »Ich werde Dir geben«, soll einst der Teufel zu Jesus
gesagt haben, um ihn auf diesem Berg mit dem verführerischen
Glanz der Stadt zu bestechen. Jesus widerstand der Versuchung
und steht nun als Statue auf dem schönsten Aussichtsplatz
dieser Mittelmeermetropole. Touristen sollten sich trotzdem der
teuflischen Versuchung hingeben.

Manchmal, nach einer langen Nacht voller Diskussionen und
Mojitos beziehungsweise Portweingläser in seiner leicht versnob-

ten Lieblingsbar *Boadas* **2** *(▸ F5)*, lässt sich Montalbán frühmorgens mit dem Taxi aus dem Vergnügungs-Sumpf des Raval
durch die Stadt hinauf bis zum Jugendstilpalast *La Rotonda* zur
Avinguda Tibidabo fahren. Hier zwischen hochherrschaftlichen
Landhäusern mit Zinnen und Spitzbögen trafen sich damals
oppositionelle Künstler, auch Montalbán, um Aktionen gegen das
Franco-Regime zu planen. Wenige hundert Meter aufwärts startet
die 100 Jahre alte blaue Straßenbahn Tramvía Blau, die die kurvige
Avinguda del Tibidabo bis zur Plaça del Doctor Andréu hoch-
ruckelt. Von dort fährt die Bodenseilbahn »Funicular« direkt zum
Vergnügungspark hinauf.

Der Auflagen-Millionär Montalbán ist mit seinen zwei Dutzend zwischen 1972 und 2001 in 23 Sprachen übersetzten sozialkritischen und gourmetverliebten Carvalho-Romanen der
erfolgreichste Stadtkrimischreiber Europas. Er liebt zwar die
morgendliche Stille am *Tibidabo*, aber eigentlich ist er ein Kind
der Altstadt, speziell der *Ramblas* und rechts davon des sündigen
Barri Raval.

Raval? Im Volksmund heißt es für Nicht-Katalanen wie
Montalbán immer noch Barrio Chino statt Barri Xinès. 1939
wird Manuel im damaligen Armenviertel *Raval* als Kind Arbeit
suchender Zuwanderer aus Galizien in der *Calle de Botella* geboren. Nomen est Omen! »Botella« heißt Flasche – und davon lieben er und seine Romanfigur die guten trockenen Weißweine
aus der benachbarten Penedés-Region. Detektiv Pepe Carvalho
kommt übrigens auch aus Galicien, das »h« im Namen verpasste
ihm Montalbán wegen der Nähe zu Portugal. Der Autor wie sein
Stadtdetektiv kämpfen folglich nicht für die katalanische Autono-
mie, sondern während der Franco-Diktatur für Demokratie und
Sozialismus. Als Jugendlicher tritt Montalbán in die Kommunistische Partei PC ein, redigiert Flugblätter und spricht auf verbo-

tenen Demonstrationen. Als Student wird er verhaftet wie einst sein Vater. Er kommt 1962 für 18 Monate in Haft. Hinter Gittern schreibt er erste avantgardistische Poesie. Eine Amnestie anlässlich des Todes von Papst Johannes XXIII. gibt ihm die Freiheit zurück – und die Einsicht, politische Essays besser in Satire zu verpacken.

DAS ROTLICHT IST SEIN EIGENTLICHES REVIER

Montalbáns gesellschaftspolitisches Bewusstsein ist geprägt vom *Barri Raval* der 60er-Jahre, von hoher Arbeitslosigkeit und einem öffentlichen Versammlungsverbot, von Armut, Dreck, Junkies und dem Sündenbabel eines Rotlichtviertels. In den engen Gassen reihte sich damals eine Bar an die andere. Zwar waren im katholischen Spanien unter Franco die Pille, das Küssen in der Öffentlichkeit und die Prostitution streng verboten, doch kamen die großen US-Kriegsschiffe in den Hafen, und dann sah man mehr Bordsteinschwalben als Spatzen im Raval. In diesem Reservat der Gestrandeten findet Montalbán seine Geschichten. Sein Lieblingslokal ist die *Casa Leopoldo* **35** *(▸ F 6)* in der Carrer Sant Rafael.

»Um ein Land zu verstehen, muss man sein Brot essen und seinen Wein trinken.« Dieses Marx-Zitat verinnerlicht er im *Leopoldo* am liebsten bei Fisch und Weißwein. Er legt es auch seinem Serienhelden Carvalho fast in jedem seiner Stadtkrimis in den Mund. Auch Carvalho ist Genießer und Revolutionär, hat sein Büro an den *Ramblas*, liebt die Prostituierte Charo und trinkt seine Sherry-Manzanillas, meist in der kleinen Bar Sanlúcar an der *Rambla 20–24*. Heute stehen hier leider keine kleinen Marmortische mehr, sondern Fast-Food-Theken.

Das *Raval* ist das letzte Viertel Barcelonas, das noch historische Patina besitzt und in seiner alten Substanz nicht gänzlich von Bulldozern untergepflügt wurde. Heute leben hier weniger Pros-

Die Casa Leopoldo war eines der Lieblingsrestaurants von Montalbán.

tituierte, dafür mehr Araber, Inder und Südamerikaner mit entsprechend exotischen Ladenstraßen. Ein spannender kultureller Mix in einem nun von »Lumpenpack und Zuhälterei« weitestgehend gesäuberten Viertel. Auf der einst so sündigen Meile Avinguda del Paral.lel wurden die meisten berühmt-berüchtigten Lokale der 60er-Jahre sowieso wegsaniert, wie beispielsweise das legendäre Revue-Theater El Molino. Dafür gibt es heute das Sex-Cabaret Café Bagdad. Ein urbaner Fortschritt?

Wie eine Zeitreise in die 20er-Jahre mutet der Besuch des *La Paloma* **19** *(▸ E 5)* in der Carrer Tigre no 27, das auch von Montalbán des Öfteren besucht wurde. Ein romantischer Tanzsaal aus der Jugendstilzeit mit klassischen großen Bands am Nachmittag für die Senioren und mit House- und Hip-Hop-Musik nach 22 Uhr bis zum Morgengrauen.

Nach Francos Tod kritisiert Montalbán in scharfzüngigen Essays vor allem den beharrenden Feudalismus der Barceloner Großbourgeoisie, die Immobilienspekulationen vor den Olympischen Spielen 1992 und die zahlreichen korrupten Politiker aller Parteien. Ein Beispiel für seinen kämpferischen Bürgersinn ist die Besetzung des Kinos »Cine Princesa« in der Via Laietana *(▸ G 5)*.

Es war in den 50er- bis 70er-Jahren einer dieser großen Zelluloid-Paläste mit über 1200 plüschigen Sesseln, mit uniformierten Platzanweisern und 100 Meter langen Warteschlangen vor den Kassa-Häuschen. Ganze Generationen träumten hier von Hollywood und Freiheit. 1996 wurde das Kino geschlossen, Spekulanten hatten die Immobilie gekauft. Künstler und Gewerkschafter besetzten das Kino vom 10. März bis 28. Oktober 1996. Montalbán beteiligte sich an Solidaritätskonzerten, textete Plakate und las öffentlich Manifeste vor.

MORD, TOTSCHLAG UND EIN GUTES REZEPT

Je älter und berühmter er wird, desto zynischer und bissiger werden seine politischen Essays, doch darüber vergisst er nie das gute Essen in seinen Stammlokalen *7 Portes* **11** *(▸ H/J 6)* am Passeig Isabel II. oder dem *Leopoldo*. Rezepte katalanischer Gerichte würzen in jedem Carvalho-Krimi Mord und Totschlag, z. B. als Carvalho in »Die Meere des Südens« liebevoll seine Scampis zerlegt:

»Er schnitt drei Auberginen in zentimeterdicke Scheiben und salzte sie. Dann gab er Öl und eine Knoblauchzehe in die Pfanne und ließ sie bräunen, bis sie fast kross war. In demselben Öl zerdrückte er ein paar Scampiköpfe, schälte die Schwänze und schnitt Schinken in Würfel. Dann nahm er die Köpfe wieder aus dem Öl und brachte sie in etwas Fischsud zum Kochen. Unterdessen spülte er das Salz von den Auberginenscheiben, trocknete sie einzeln mit einem Tuch ab und briet sie in dem Öl, das das Aroma des Knoblauchs und der Scampiköpfe aufgenommen hatte, und ließ sie dann in einem Sieb abtropfen. Im gleichen Öl ließ er schließlich eine gehackte Zwiebel bräunen, gab einen Löffel Mehl dazu und rührte mit Milch und dem Sud der Scampiköpfe eine Béchamel an. Die Auberginen schichtete er in eine Backform, goss einen Regen von nackten Scampischwänzen und Schinkenwürfeln darüber und

badete alles in der Béchamelsoße. Von seinen Fingern schneiten geriebene Käseflocken auf das bräunliche Weiß der Béchamelsoße nieder. Dann schob er die Form zum Überbacken in den Ofen, fegte mit dem Ellbogen den Küchentisch leer, legte zwei Gedecke auf und stellte eine Flasche Jumilla Rosé dazu … Er kehrte ins Schlafzimmer zurück. Yes schlief mit dem Gesicht zur Wand, ihr Rücken war entblößt. Carvalho rüttelte sie wach, ließ sie aufstehen, nahm sie in die Arme und führte sie in die Küche. Dort setzte er sie vor einen Teller, auf den er überbackene Auberginen, Scampi und Schinken schaufelte.«

Die Mordslust auf gutes Essen floss dem Literaten Montalbán – bei allem Einsatz für Freiheit und Demokratie – nur so aus der Feder. Dafür lieben ihn die Barceloner, auch nach seinem Tod. Sein Alter Ego Pepe Carvalho lebt sowieso weiter. Die Stadt benannte erst kürzlich gleich um die Ecke seines Lieblingslokals *Casa Leopoldo* 35 *(▸ F 6)* eine kleine Plaça nach ihm.

LA PALOMA 19 ▸ *E 5*
Carrer Tigre 27, El Raval
▶ Metro: Universitat

PARC D`ATTRACCIONS TIBIDABO
Plaça del Tibidabo 3–4, Tibidabo
www.tibidabo.es
▶ Tramvía Blau und Funicular

RESTAURANTE CASA LEOPOLDO 35 ▸ *F 6*
Carrer Sant Rafael 24, El Raval
www.casaleopoldo.com
▶ Metro: Paral.lel

RESTAURANTE LA VENTA
Plaça del Dr. Andreu, Tibidabo
www.restaurantelaventa.com
▶ Tramvía Blau und Funicular

JOSÉ CARRERAS

geb. 1946

Die Opernwelt kennt ihn nur als José Carreras, ein Name, der ihm eigentlich aufgezwungen wurde. Der Tenor fühlt sich zunächst als Katalane und dann erst als Spanier. Und eigentlich heißt er Josep …

»*K*atalonien ist mein Land, mein kleines Land. Ich liebe die Spanier, ich habe einen spanischen Pass, aber wir Katalanen fühlen da ein bisschen anders«*, erklärt José Carreras bei einem Interview Ende August 1988 in seinem mit alten Möbeln ausgestatteten Büro in der *Vía Augusta*. Er hat gerade eine schwere Leukämie-Erkrankung hinter sich und seinen ersten Auftritt nach der Genesung. Bei dem Gespräch geht es auch um den Vornamen des weltberühmten Tenors: José oder Josep? Er sei immer nur der »Josep« gewesen, sagt er, in der Familie und bei Freunden. Das sei sein katalanischer Name, und die Sprache Català war unter Franco bis 1975 verboten. Als Carreras seine Karriere 1970 startete, musste er sich »José« nennen, im Pass, im Führerschein, auf allen Konzertplakaten, im realen Leben, auch in Barcelona. Deswegen kennt die ganze Welt den Opernstar heute nur als José Carreras, »aber ich habe mich immer nur als Josep gefühlt«.

Josep-José ist beispielhaft für die Tragik der sprachlichen, menschlichen und kulturellen Unterdrückung Kataloniens zwi-

*José Carreras, der sich selbst Josep nennt, hat seine Leukämie-
Erkrankung überwunden und ist wieder ein gefeierter Tenor.*

schen 1939 und 1975. Drei Generationen Barceloner litten unter
der zentralistischen Bevormundung durch die diktatorische
Regierung in Madrid. *»Solange es mir von der Staatsmacht nicht
offiziell erlaubt war, auch auf dem Papier Katalane zu sein, so lange
war ich nicht aus vollstem Herzen Spanier«*, erzählte der fragile
Künstler. Jetzt aber dürfe er wieder Katalane sein, und jetzt sei er
auch wieder stolz wie ein Spanier.

*Einer der Lieblingsplätze von
Carreras: das Café de L'Opera
an den Ramblas.*

Bereits sein Vater, ein über-
zeugter Katalane, leidet unter
diesem Konflikt. Er kämpft
im Bürgerkrieg 1936 bis 1939
aufseiten der Republikaner
gegen die Franco-Truppen
und darf deshalb ab 1940
nicht mehr als Französisch-
lehrer unterrichten. Wegen
der Repressalien wandern die
Eltern nach Argentinien aus,
doch schon nach elf Monaten
ist das Heimweh nach Barcelona stärker. Vater *Carreras* kann als
Verkehrspolizist arbeiten, Mutter *Antonia Coll* richtet sich in der
relativ großen Wohnung im Arbeiterviertel *Sants* ihren kleinen
Frisiersalon ein. Das ist dann auch die erste Bühne des kleinen
Josep. Mit sechs Jahren sieht er den Film »Der große Caruso« mit
dem Tenor Mario Lanza. In den nächsten Tagen singt Josep die
Melodien nach, nicht alle im Text, aber meist im richtigen Ton. Er
singt und singt, die Kunden im Salon sind begeistert, geben dem
Jungen Trinkgelder.

Die Eltern ahnen, dass ihr Sohn eine begabte Stimme hat, und
schenken ihm einen Plattenspieler sowie die Caruso-Lanza-Platte
und eine weitere mit dem damals weltberühmten Tenor *Giuseppe
di Stefano*. Joseps meistgesungene Arie ist die des Herzogs aus
»Rigoletto«, »La donna e mobile«. Sein Musiklehrer fördert ihn,
er bekommt Gesangsunterricht am städtischen Konservatorium.

Das Schlüsselerlebnis hat Josep dann mit acht Jahren, als ihn sein Vater in die Oper, ins *Gran Teatre del Liceu* 16 *(▸ G 6)*, mitnimmt. Ganz oben in der fünften Galerie auf den billigeren Plätzen hört er »Aida«, es singt Weltstar *Renata Tebaldi*. Am meisten gefällt ihm dabei der Nil-Akt mit Aidas Arie. Am nächsten Tag erklärt er seinen Eltern unmissverständlich: »In diesem Theater werde ich einmal singen.«

Nicht mal Josep selbst glaubt daran, dass er tatsächlich schon mit elf Jahren in einem der besten Opernhäuser der Welt auftreten würde. Aber mit seiner Knabenaltstimme singt er bei Nachwuchskonzerten und im Radio so erfolgreich vor, dass er vom *Liceu* ein Angebot für eine Nebenrolle erhält. Am 3. Januar 1958, nach langen Proben mit seiner Musiklehrerin, darf er in einer Manuel-de-Falla-Oper singen, für kurze Momente steht er dabei neben Renata Tebaldi auf der Bühne. 500 Pesetas, nach heutiger Kaufkraft etwa 40 Euro, sind sein Honorar.

DIE CABALLÉ FÖRDERT DEN JUNGEN CARRERAS

Der rote Teppich für seine Karriere wird ausgerollt: Nach Stimmbruch, Schule und einem kurzen Ausflug in ein Chemiestudium an der Universität von Barcelona pendelt er jahrelang in der Altstadt zwischen dem Institut des berühmten Gesanglehrers *Puig* und dem *Conservatori Superior de Música (▸ G 6)*. Er erlernt das gängige Opernrepertoire von Mozart über Wagner bis Verdi und feilt an seiner Belcantostimme.

Nach weiteren Gesangswettbewerben und Vorsingen im *Liceu* mit Arien aus »La Traviata« und »Carmen« hat er es endlich geschafft: Im Januar 1970 darf er neben der großen Diva und Katalanin *Montserrat Caballé* in »Norma« den Flavio singen und spielen. Die Caballé ist trotz der kleinen Carreras-Partie begeistert von Josep und fordert ihn wenig später neben sich in Donizettis

»Lucrezia Borgia« als Gennaro an. Das Publikum rast – und das ist in Barcelonas Weihetempel der Großbourgeoisie sehr selten und auch heute noch die absolute Ausnahme.

Im *Liceu* 16 *(▸ G 6)* demonstriert man seinen Stand, zeigt sich in großer Abendrobe, zahlt und genießt. Der Kontrast zwischen Arm und Reich könnte nicht größer sein, die Oper liegt direkt an der Rambla dels Caputxins, in den Nebengassen stehen noch Bettler und Dirnen. Das *Liceu* war und ist *die* Selbstdarstellungs-plattform für jene Gutbetuchten, die sich bei der anderen heiligen Institution der Stadt, dem FC Barcelona, nicht blicken lassen. Die Oper sollte 1838 noch größer werden als die in Madrid. Also gründen Barcelonas Kaufleute eine Fördergesellschaft mit Logen-Erbrecht für die Spender und finanzieren den Bau aus Aktienge-winnen. Und wieder mal zeigt sich das klassische Zusammenspiel der vernünftigen »seny«- und der künstlerischen »rauxa«-Seele in jedem Katalanen.

IN BARCELONA IST WAGNER KULT

Diese Opernbesucher sind 1882 nach einer Aufführung des »Lohengrin« so begeistert von Richard Wagner, dass sie danach die meisten seiner Opern ins Katalanische übersetzen lassen. Noch heute gibt es Wagner-Kultvereine in Barcelona. Das *Liceu* erlebt allerdings auch die wirtschaftlichen und sozialen Probleme der jungen Industriegesellschaft: Aus Wut gegen die reiche Min-derheit und als Racheakt für einen hingerichteten Genossen wirft 1893 der Anarchist Santiago Salvador während des zweiten Aktes von Rossinis »Wilhelm Tell« zwei Bomben vom ersten Rang nach unten. 20 Opernbesucher sterben.

Die gesellschaftliche und künstlerische Bedeutung dieses mit vergoldeten Logen und Samtsesseln ausgestatteten Opernhauses kennt natürlich auch Josep Carreras, denn das *Liceu* wird zu sei-

Olympiaeröffnung Barcelona 1992. Es singen Plácido Domingo,
José Carreras, Luciano Pavarotti und Montserrat Caballé.

ner Startrampe für eine Weltkarriere. Er hat umjubelte Auftritte in
London mit seiner Förderin Caballé in Donizettis »Maria Stuart«,
in Prag 1971 in Verdis »La Traviata«, in der City Opera von New
York mit der großen Birgit Nilsson in »Tosca« – erste Welterfolge.
Danach zieht der lyrische Tenor jahrelang um die besten Opern-
häuser von Buenos Aires, Chicago, London, Salzburg (mit Kara-
jan), Hamburg, München. Er brilliert in der New Yorker Met, der
Wiener Staatsoper und der Mailänder Scala.

Dann der Schicksalstag am 5. Juli 1987: Bei einem Konzert im
baskischen San Sebastián bricht er zusammen. Josep Carreras hat
Krebs, akute lymphoblastische Leukämie. Der Star am Opern-
himmel erlebt die Hölle, eine Knochentransplantation bei Nobel-
preisträger Edward Donnall Thomas in Seattle schafft jedoch das
medizinische Wunder. Nach zwölf Monaten Behandlung und vielen aufmunternden Briefen aus dem spanischen Königshaus in

Madrid ist er da – und bereitet sich »auf den größten Tag meines zweiten Lebens« vor, auf sein Comeback-Konzert am 21. Juli 1988 in Barcelona. In dem großen Montjuïc-Park vor dem Triumphbogen und auf den Nebenwegen ohne Sicht auf die Open-Konzertbühne haben sich laut Polizeischätzung über 145 000 Menschen versammelt; zum Vergleich: Tags zuvor trat in Barcelona Michael Jackson auf dem Höhepunkt seiner Karriere vor »nur« 50 000 Fans auf. Bei Josep Carreras Wiederkehr sitzen in der ersten Reihe: Spaniens Königin Sofía, Kultusminister Jorge Semprun, Kataloniens Ministerpräsident Jordi Pujol und natürlich seine große Förderin Montserrat Caballé. Mit »T'estimo« (»Ich schätze Dich«), weiteren katalanischen Liedern und dem »Nessun dorma« aus Puccinis »Turandot« holt er sich und seine Bewunderer unter Tränen in sein zweites Leben zurück.

Carreras reist nicht mehr zu jeder Oper in die weite Welt. Andererseits singt er häufig mit *Plácido Domingo* und *Luciano Pavarotti*. »Die drei Tenöre« haben bei der Fußball-WM 2006 ihren größten Auftritt. Carreras gründet seine Leukämie-Stiftung und tritt dafür auch jedes Jahr in Deutschland auf. Aber er sagt immer mehr Opernauftritte ab, Konzerte sind weniger anstrengend für ihn. Er kann es sogar verschmerzen, dass seine Heimatbühne, das *Liceu* **16** *(▸ G 6)*, 1994 abbrennt, was Kritiker eine »warme Renovierung« nennen. Fünf Jahre später wird die Oper wieder eröffnet.

Seit einigen Jahren wohnt Josep Carreras in *Pedralbes*, dem vornehmsten und teuersten Stadtteil Barcelonas, nordwestlich der Diagonal gelegen. »Petrae albae« heißt im Lateinischen »Weiße Steine«. Mit viel Marmor baute schon Jugendstil-Genie Gaudí seinem Gönner Eusebi Güell einen Sommerpalast mit zwei Pavillons zwischen Avinguda de la Victoria und Avinguda de Pedralbes. Nur wenige Nebenstraßen davon entfernt steht an der *Baixada*

Monestir die hinter hohen Mauern versteckte Villa Carreras. Zum Tibidabo hoch sind es nur fünf Autominuten, zu den Spielen im Camp Nou seines geliebten Fußballclubs FC Barcelona – der Tenor ist Ehrenmitglied und Superfan – geht er zehn Minuten zu Fuß. Und zu einem guten Restaurant wie dem *Vivanda* in der Carrer Major de Sarrià no 134 geht man auch nur acht Minuten.

Schräg gegenüber von Carreras' Villa befinden sich Kirche und Kloster *Monestir de Pedralbes*. Die Stiftsanlage wurde im 14. Jh. für die katalanische Königin Elisenda de Montcada gebaut, die sich nach zwei Jahren königlichen Witwendaseins in die Abtei zurückzog. Im gotischen Kreuzgang hört man das Plätschern der Brunnen im Park und gelegentlich auch die Gesänge der Klarissinnen-Nonnen. Hier werden Paare in katalanischer Sprache getraut; sie geben einige Tage vor dem Hochzeitstermin an einem Nebeneingang des Klosters frische Eier ab. Es heißt, das bringe dem Brautpaar Glück.

Der leidenschaftliche Katalane Josep Carreras ist glücklich über diese Nachbarschaft, ruht hier doch die Königin Elisenda – eine weitere katalanische Legende.

CAFÉ DE L'OPERA `6` ▸ *G 6*
La Rambla 74, Barri Gòtic
www.cafeopera.bcn.es
▸ Metro: Liceu

GRAN TEATRE DEL LICEU `19` ▸ *G 6*
La Rambla 51-59, El Raval
www.liceubarcelona.cat
▸ Metro: Liceu

MUSEU MONESTIR PEDRALBES
Baixada Monestir 9, Pedralbes
www.museohistoria.bcn.es
▸ Metro: Reina Elisenda

FERRAN ADRIÀ

geb. 1962

Er arbeitet mit Stickstoff, Fantasie und unendlich viel Liebe: Ist er nun ein Magier, ein Wissenschaftler oder ein Philosoph? Darüber streiten die Experten. Fest steht nur: Er ist der beste Koch der Welt.

Paul Bocuse, der in den 30er-Jahren des vergangenen Jahrhunderts mit seiner Nouvelle Cuisine wie Gott in Frankreich kochte und von seinem Restaurant L'Auberge du Pont de Collonges bei Lyon aus die ganze Welt mit Spezialrezepten beglückte, war das Gestern. Von gestern sind auch viele deutsche TV-Kochkünstler und -clowns, verglichen mit dem Mann, der das Kochen als intellektuelle Kunst zelebriert. Ferran Adrià gilt als Magier der Molekularküche, und für seine Theorie der »Essenz des Geschmacks« benötigt er keine TV-Shows.

Es war im Sommer 2007 auf der »documenta 12« in Kassel. Ferran Adrià kommt als geladener Künstler, tritt ans Rednerpult und spricht über Neues aus der Medizintechnik für rohes Gemüse, über die Molekularisierung von Lebensmitteln und wie man Geschmacksgewinnung durch Reduzierung von Flüssigstickstoff oder Gefriertrocknung erreicht. Er führt vor, wie eine zu Goldstaub pulverisierte Foie gras aus Reagenzgläsern »in einem Zuge« zu verzehren sei. Und mit wissenschaftlich unterlegten

Ferran Adrià ist der Hohepriester der Molekularküche. Die Gerichte des besten Kochs der Welt sind Geschmackskunstwerke.

Skalen und Kurven erklärt er detailliert, welche Kompositionen von Flüssigkeiten mit unterschiedlichen Dichten am besten Schaum stabilisieren können, die perfekte Emulsion sei sein Ziel.

Die Zuhörer sind sich unsicher, ob sie sich neben Hungergefühlen auch Schaum vor dem Mund gestatten. *»Ich tue hier auf der documenta das Gegenteil dessen, was die Menschen erwarten. Das ist die logische Konsequenz meiner Philosophie«*, spricht

Werkstatt oder Labor? Die Küche des weltberühmten Drei-Sterne-Tempels El Bulli an der Costa Brava.

Adrià und kommt schließlich doch noch auf das Wesentliche zu sprechen: *»Kochen ist eine Sprache, durch die man Harmonie, Kreativität, Glück, Schönheit, Poesie, Komplexität, Humor, Provokation und Kultur ausdrücken kann.«*

Wird man davon auch satt? Man wird, wie wir gleich erfahren, sein 30-Gänge-Menü kann da hilfreich sein. Ist der in der Nähe von Barcelona geborene Ferran Adrià nun ein Professor, ein innovativer Provokateur oder ein ausgekochter Künstler?

Selbstverständlich alles in einem. Ferran Adrià ist mit drei Michelin-Sternen in seinem als weltbestes Restaurant gekürten *El Bulli* und mit Preisen aus der ganzen Welt der galaktische Katalane vom anderen Stern. Als Geysir oder »mad scientist« würden ihn Hollywoods Regisseure am liebsten verfilmen. Doch Adrià präsentiert seine Kochkünste 2008 lieber an der IESE-Business School in Barcelona oder 2010 an der Harvarduniversität als Gastprofessor über »Grundlagen der kulinarischen Physik«. Philosophiestudenten in Barcelona belegen bei ihm Kurse mit Themen über »Essen und Erotik«, »Essen und Religion« oder über »Die Negativierung der Wahrnehmungsmodi«.

Die Kochkunst unter Hightechkonditionen ist Ferran Adrià nicht in die Wiege gelegt worden. Sein Vater, ein Malermeister, schickt ihn mit 14 Jahren auf die Handelsschule Virgen de la Mercéd in Barcelona. Er soll eine Kaufmannslehre absolvieren und danach Betriebswirtschaft studieren. Doch Ferran schmeißt mit 18 hin, träumt von Hippie-Ibiza und finanziert sich dort Urlaube zunächst als Tellerwäscher in Castelldefels, 30 Kilometer südlich von Barcelona, und dann als Hilfskoch in verschiedenen Restaurants der katalanischen Metropole. Mit 19 muss er zum Militär und wird Smutje im galizischen Cartagena beim Admiral persönlich. Danach wird er verwegen und bewirbt sich 1983 im *El Bulli* bei Roses an der Costa Brava – mit Erfolg.

MENÜS ALS ABENTEUERREISEN INS HIMMELREICH

Das Restaurant hat den Namen von seinen Gründern, dem deutschen Ärzte-Ehepaar Schilling, die ihre Bulldogge »Bulli« nannten. Bis 1990 gehörte ihnen *El Bulli*, der Elsässer *Jean Louis Neichel* hatte es mit zwei Sternen zur lukullischen Oase am Meer gemacht. *Neichel* ist übrigens heute eines der besten Restaurants Barcelonas, Carrer Beltrán i Rozpide 1–5.

Adrià zelebriert im *El Bulli* zunächst beste katalanische Haute Cuisine. Unerfahrenen Spanienreisenden sei gesagt, darunter fallen weder Paëlla, Sangría noch Tapas. 1985 wird er bereits Chefkoch und bald alleiniger Besitzer. Er heiratet die Katalanin *Isabel Pérez*, stellt seinen Bruder *Albert* als gelernten Pâtissier ein und entwickelt allmählich seine weltberühmte Kreativ-Küche. Der Schriftsteller *Manuel Vázquez Montalbán*, in den 90ern jeden

Sommer Stammgast im *El Bulli*, beschreibt in seinem Buch »Die Kunst des Essens in Katalonien« die Menüs von Adrià als Abenteuerreisen ins Himmelreich, aber immer basis-öko-nah als »culto al producto«.

So ein 30-Gänge-Menü steht dann als »Dekonstruktionen mit Magie« für knapp 300 Euro auf der Karte. Ein Vorgeschmack Häppchen für Häppchen: Mit dem eigenen Fleisch aufgespritzte Oliven, dann eine Art Mini-Sandwich mit krosser Hühnerhaut und eine schockgefrostete Popcornwolke, die im Mund gehaucht wird. Nun ein Keks mit getrockneter Schwarzkirschfüllung und ein dünnes Carrée aus geliertem Sanddornsaft hinterher. Tagliatelle aus geliierter Bouillon, dann mit Ingwer gefüllter Tintenfisch. Später Mousse aus Muschelfleisch in einem Mantel hauchdünnen Schweinefett und auch Melonen-Ingwer-Suppe mit Karottenröllchen.

ER IST EIN KREATIVER TÜFTLER

Selbst das Flagschiff katalanischer Zwischenmahlzeiten, das »pa amb tomàquet«, normalerweise geröstetes Brot mit Tomate, Olivenöl und luftgetrocknetem Schinken »jamón serrano«, lässt Adrià in einem Likörglas mit Tomatensorbet servieren – obendrauf ein mit Olivenöl gespritztes kleines Ballonbrot mit einem großen Salzkristall. So kreativ wie surrealistisch sind auch seine Desserts: Vanillecreme mit Kaffeesorbet-Waffeln oder karamellisierte Banane. Die »crema catalana« mit der Zuckerkruste ist nicht dabei.

Mit *El Bulli* beweist der Meister der Sinne in den letzten 20 Jahren, wie Verknappung Reichtum bescheren kann. Um zu seinem Lokal bei Roses in die einsame Bucht Cala Montjoi zu kommen, muss ein hungriger Gast von Barcelona aus gute 100 Kilometer und dann noch etwa sechs Kilometer steinige Feldwege an die Küste runterfahren. Leider gibt es nur 55 Plätze im Speiseraum,

Molekularküche: Biochemie und Physik machen die Küche zum Labor.

nur abends. Aber wenn sich zweimal im Jahr das Internetfenster für die Reservierungen öffnet, dann klicken sich über 150 000 Interessierte ein. Selbst Kronprinz Felipe musste 2010 persönlich anrufen, um noch einen Ecktisch zu erwischen. Ansonsten ist ein Jahr Wartezeit ganz normal. Allerdings brauchen wir uns jetzt nicht zu beeilen. Denn *El Bulli* ist seit August 2011 zwecks Grundrenovierung geschlossen und öffnet erst wieder 2014.

In dieser Zeit verarmt Ferran Adrià nicht gerade: Werbeverträge, seine Kochbücher und Gastprofessuren bringen ihm Millionen. Von seinem seit Jahren schon geführten Werkstattlabor im Stadtteil Raval gleich hinter dem Bauch von Barcelona, der Markthalle *Mercat de la Boquería* **5** *(▸ F6)*, bietet er auch VIP-Catering und Küchendesign für Hotelketten. In diesem kleinen Jugendstilpalast aus dem 18. Jh. hat er mit Lebensmitteltechnikern, Ökotrophologen und Chemiewissenschaftlern sein *El Bulli taller* aufgezogen (»taller«, Werkstatt). Mit seinem Kreativ-Team tüftelt er hier zwischen Gewürzregalen voller exotischer Pülverchen und vor einer riesigen Edelstahlfront neue Rezepte aus. Denn seinen Anspruch, die *»meisten wesentlichen Erfindungen aus der Kochwelt stammen heute von uns«*, will er noch toppen.

Dafür zieht es ihn fast täglich in die *Boquería* **5** *(▸ F 6)*, an die Quelle aller frischen Lebensmittel, die »schönste Markthalle Europas«, so der holländische Romancier Cees Noteboom. Für Besucher ist sie ein Muss wie die Ramblas, die Sagrada Família **39** *(▸ G 1)* oder die Kathedrale de la Santa Creu **10** *(▸ G 5)*. Montalbán nannte die Boquería eine »Kathedrale der Sinne«. Adrià und andere Köche der besten Restaurants Barcelonas kaufen hier schon am frühen Morgen ein, bevor die Hausfrauen ab 10 Uhr die Buden und Stände belagern.

DIE BOQUERÍA IST EINE KATHEDRALE DER SINNE

Gleich rechts von der Rambla de Sant Josep taucht man ein in diesen Bauch des Überflusses. Unter dem 1914 aus Eisen konstruierten Kuppelgewölbe und den haushohen, lichtdurchfluteten Mosaikfenstern duftet es auf 6000 Quadratmetern in jedem Gang etwas anders. Die Fischhändler bieten fangfrische Meerbarben, Thunfisch, halbierte Haie und Doraden neben dem Stockfisch, in einem anderen Gang stapeln die Obst- und Gemüseverkäufer seltene Zucchini- und Tomatensorten, in einem Quergang werden Feigen, Nüsse und Datteln angeboten. Die Wildhändler locken mit frischen Rebhühnern und Kaninchen, die Verkäufer von Innereien mit hausgemachten Würstchen, die wie Girlanden die Bude schmücken. Ein Gang weiter sind die Stände der Muscheln, Langusten und Schnecken das Ziel der Köche von Restaurants am Hafen. Die Käsestände und Schinkenspezialisten wiederum bieten so viel Überfluss an, dass der Käufer eigentlich ein Sortenexperte sein müsste. Alles, aber auch alles gibt es hier in Hülle und Fülle, und alles ist wundervoll dekoriert.

Die Düfte und optischen Anreize wirken in ihrer Vielfalt selbst bei Diätbesessenen appetitanregend. Glücklicherweise gibt es direkt in der Boquería mehrere kleine Bars mit Spezialitäten.

Fast Food auf Gourmetniveau. Die berühmteste Boquería-Bar liegt gleich neben dem Haupteingang bei Stand no 466 und heißt *Pinotxo* 30 (▸ *F/G 5/6*). Frühmorgens sitzen die Händler auf den Barhockern und lassen sich von Chef Albert Asin »dulces chuchos«, mit Vanillecreme gefüllte Croissants, zum »carajillo«, einem Espresso mit Cognac, servieren.

Mittags, wenn die Touristen vor der Theke dieses Probierparadieses Schlange stehen, bietet der Pinotxo-Chef »Botifarra negra amb juli« an, mit Zwiebeln und Speck gebratene Blutwurstfüllung auf Kichererbsen. Asin herrscht über diese quirlige Ecke seit über 25 Jahren und kennt natürlich auch Ferran Adrià. *»Wenn der bei mir mal einen Kaffee bestellt, dann ist es, als ob ein König an meiner Bar steht. Dem wage ich gar nicht, etwas aus meiner kleinen katalanischen Küche anzubieten.«*

Das sollte er ruhig tun, denn zu Hause muss Adrià für seine Frau Isabel meist nur Tortilla, ein Omelett, und Tomatensalat anrichten. Für den intellektuellen Magier der Kochkunst sicherlich mehr als nur eine entspannende Abwechslung. Jeder Meister weiß: Die einfachen Genüsse sind die besten.

BOQUERÍA 5 ▸ *F6*
Rambla dels Flors, El Raval
www.boquería.info
▶ Metro: Liceu

EL BULLI
Cala Montjoi, Roses
ca. 150 km nördlich von Barcelona, Costa Brava
www.elbulli.com

PINOTXO BAR 30 ▸ *F/G 5/6*
Eingang zur Boquería von der Rambla St. Josep, El Raval
bei Stand Nr. 466
▶ Metro: Liceu

CARLOS RUIZ ZAFÓN

geb. 1964

Sein Roman »Der Schatten des Windes« ist der größte Bestseller in der jüngeren Geschichte Spaniens. Der Autor führt uns in die geheimnisvollsten Winkel von Barcelona – in eine dunkle Zauberwelt…

D*iese Stadt ist eine Hexe. Sie setzt sich einem auf der Haut fest und nimmt einem die Seele, ohne dass man es überhaupt merkt.«* Schaurig schön, aber auch mit unendlicher Heimatliebe und Ehrfurcht beschreibt Carlos Ruiz Zafón das Prächtige, Mythische und Einmalige seiner Geburtsstadt. Der Journalist, Werbetexter und Drehbuchautor aus Barcelona ist im Windschatten seines Romans »La sombra del viento« 2001 zu Weltruhm gekommen. Von seinem Historien-Krimi »Der Schatten des Windes« sind seitdem in 36 Ländern rund elf Millionen Exemplare verkauft worden.

Stellt sich die Frage: Wäre es auch ein Weltbestseller geworden, wenn Zafón seine spannenden und brillant geschriebenen Handlungsstränge in Alicante, Málaga oder Bilbao angelegt hätte statt in Barcelona?

Die Antwort kennt nicht nur der Wind, sondern jeder Leser, der sich auf die Spur der Romanhauptfigur Daniel Sempere begibt. Als Zafón am 25. September 1964 in einem gutbürgerlichen Haus

Carlos Ruiz Zafón liest aus seinem ersten Roman »Der Fürst des Nebels«. Erst danach vertieft er sich in Barcelona-Geschichten.

in der Nähe von Gaudís Sagrada Família **39** *(▸ G 1)* geboren wird, hat der Autor dieses Buches gerade sein Abitur an der damals noch an der Avinguda del Tibidabo no 36 gelegenen deutschen Schule San Alberto Magno gemacht. Nur wenige Meter entfernt, Haus Nummer 32, steht die mysteriöse schlossähnliche Villa der Industriellenfamilie Aldaya, die als »Nebelburg« eine wichtige und schreckenerregende Rolle in »Der Schatten des Windes« spielt.

Die Tramvía Blau rattert hoch zum Tibidabo, vorbei an Anwesen, die Zafón beschreibt.

In den 80er-Jahren, als Zafón nach dem Besuch der Jesuitenschule Sant Ignasi, das Vorbild des Colegio San Gabriel im Roman, im Stadtteil *Sarrià* für seinen Vater, einen Versicherungsvertreter, die Policen und Rechnungen zu den Kunden ins ärmliche Barri Gòtic und Raval sowie zu den Villen der Reichen unterhalb des Tibidabo-Berges trägt, entdeckt er jeden Winkel seiner Geburtsstadt. Das ist die ortskundige Grundausstattung für seinen Weltbestseller.

Zafón nimmt damals schon Schreibkurse im Künstler- und Gelehrtenverein *Ateneu Barcelonès* **1** *(▸ F5)* in der Carrer de la Canuda 6. Eben dort, wo er gleich nebenan im Roman seinen Friedhof positioniert. Er schreibt erste Jugendbücher, und mit 29 Jahren zieht es ihn nach Los Angeles, wo er einige Jahre als Drehbuchschreiber und als Korrespondent für die spanischen Zeitungen »El País« und »La Vanguardia« arbeitet.

Dann hat Zafón die Idee seines Lebens. Er schreibt einen Stadtroman, einen Historien-Krimi über den moralischen Verfall und die Verbrechen aus der Zeit des Spanischen Bürgerkrieges (1936–1939) und der darauf folgenden Franco-Diktatur. Die Schatten dieser Zeit begleiten den Protagonisten von »Der Schatten des Windes«, den jungen Daniel Sempere. Dessen Vater führt ihn in ein labyrinthartiges Gebäude in der dunklen Gasse Carrer de la Canuda zum »Friedhof der vergessenen Bücher«.

Hier werden alle Bücher aller Autoren aus allen Zeiten aufbewahrt, um der Vernichtung durch das Vergessen zu entgehen. Daniel sucht sich den Roman »Der Schatten des Windes« des unbekannten Autors Julián Carax aus und erfährt von Buchhändler Gustavo Barceló, dass dieses das allerletzte Exemplar sei. Das fasziniert Daniel und führt ihn auf die Spur von Julián. Damit beginnt ein Drama um tot geborene Kinder, verbrannte Bücher, um Mord und Totschlag in eben diesem mysteriösen Palast an der Avinguda del Tibidabo.

EIN ROMAN ALS BRILLANTER FREMDENFÜHRER

Ein Spaziergänger, der gut erzählen und noch besser schreiben kann, ist für eine traditionsbewusste Stadt ein Ehrenbürger. Carlos Ruiz Zafón ist so einer. Wir folgen ihm beziehungsweise den Textausschnitten seines Bestsellers zu interessanten Punkten Barcelonas und beginnen mit dem Friedhof der vergessenen Bücher. Im Roman schreibt Zafón über Daniel:

»Gegen Abend, als es noch um dreißig Grad war, zog ich mit meinem Buch unter dem Arm und einem Schweißvorhang auf der Stirn los, Richtung Calle Canuda und Athenäum zur Verabredung mit Barceló. Das Athenäum war – und ist – einer der vielen Winkel Barcelonas, wo das 19. Jahrhundert noch nichts von seiner Pensionierung mitbekommen hat. Die steinerne Vortreppe führte von einem höfischen Patio zu einem geisterhaften Netzwerk aus Galerien und Lesesälen empor, wohin neumodische Erfindungen wie Telefon, Eile oder Armbanduhr noch nicht vorgedrungen waren.«

Tatsächlich steht gleich neben dem heute auch noch mit Literaturkursen und Ausstellungen sehr lebendigen *Ateneu* in Haus Nr. 4 das Vorbild des Bücherfriedhofs, die *Librería Canuda* [20]

(▸ *F5*). Eine antiquarische Buchhandlung mit labyrinthischen, gewölbten Gängen, deren unzählige hölzerne Buchregale die alten Decken zu stützen scheinen. An der nächsten Ecke zieht die Haupteinkaufsstraße mit größeren Allerweltsboutiquen von Zara oder H&M vorbei, die Avinguda Portal del Àngel.

»Ich ging zum Balkon und lehnte mich hinaus, bis ich den dunstigen Schein sah, den die Straßenlaternen in der Puerta del Àngel aussandten. Die Gestalt hob sich von einem Stück Schatten ab, das reglos auf dem Straßenpflaster lag. Das schwache rötliche Glimmen einer Zigarettenglut spiegelte sich in den Augen ... Dieser Fremde war vielleicht irgendein Nachtschwärmer, eine gesichts- und belanglose Gestalt. In Carax' Roman war der Fremde der Teufel.«

Die Laternen stehen auch heute noch da. Wer aber teuflisch schöne und verrückte Boutiquen, avantgardistische Galerien und spezielle baskische Tapas-Bars sucht, der findet die besser in den Àngel-Nebengassen wie Carrer d´en Bot, C. de Ferran, C. del Duc de la Victòria, C. dels Boters, C. Portaferrissa oder C. Petritxol.

»Clara setzte sich liebend gerne hin, um dem Murmeln der Leute im Kreuzgang zuzuhören und das Echo der Schritte in den umliegenden Gässchen zu erraten. ... Oft fasste sie mich unter, und ich geleitete sie durch unser persönliches Barcelona, das nur sie und ich sehen konnten. Immer landeten wir in einer Milchbar in der Calle Petritxol, wo wir einen Teller Schlagsahne oder eine heiße Schokolade mit Rahm und Honigpfannkuchen teilten.«

Die berühmteste Milchbar, in der man neben den von Zafón beschriebenen Leckereien auch die Mandelmilch »horchata« genießen kann, ist die *Granja Dulcinea* **4** *(▸ G 5)* in der Carrer de Petritxol no 2. Und in Hausnummer 5 gibt es immer noch die Galería Sala Parés, in der Picasso 1901 erstmals ausstellte.

In diesem Gassengewirr liegt gleich hinter der Kathedrale ein erstaunlich ruhiges Plätzchen, das auch Antoni Gaudí auf sei-

Der Lesesaal von Ateneu Barcelonès, ein Künstler- und Gelehrten-verein im Barri Gòtic, der auch in Zafóns Romanen auftaucht.

nen abendlichen Spaziergängen aufsuchte: die Plaça de San Felip Neri mit einem Brunnen und einem grünen Baum in der Mitte: *»Die hinter den alten römischen Stadtmauern versteckte Plaça de San Felipe Neri ist nur gerade ein Luftloch im Labyrinth der Sträß-chen des Gotischen Viertels. Die Mauern der Kirche sind übersät mit Einschusslöchern des Maschinengewehrfeuers aus den Tagen des Krieges.«*

FALCONES »KATHEDRALE DES MEERES«

Geschichtlich noch weitere 500 Jahre zurück, aber nur 500 Meter entfernt von diesem Platz erhebt sich jenseits der Via Laietana in Richtung Hafen die beeindruckendste Kirche der katalanischen Gotik, die Kathedrale Santa María del Mar **38** *(▸ H 5)*, für und von Seefahrern, Steinmetzen und Fischern in Rekordzeit zwischen 1329 und 1383 erbaut und von Ildefonso Falcones in seinem

Roman »Die Kathedrale des Meeres« überirdisch schön verewigt. Ein mystisches, verzauberndes Licht durchflutet das breite Mittelschiff mit seinen Säulen, Bögen und Gewölben. Vielleicht besucht die Bernarda aus Zafóns Roman deswegen hier täglich den Acht-Uhr-Gottesdienst und geht dreimal in der Woche beichten.

Wer genug von Hafen und Gòtic-Viertel hat, sollte sich für zehn Euro ein Taxi Richtung Oberstadt leisten und bis zur Plaça John Kennedy fahren. Hier ruckelt die historische, blau bemalte Straßenbahn Tramvía Blau die ganze Avinguda del Tibidabo hoch. Von den Holzbänken oder der windigen Plattform kann man all die Türmchen, geschwungenen Balkone und putzigen Fassaden sehen, die die Stadtpaläste der früheren katalanischen »Indios«, der durch die Kolonien reich gewordenen Industriellenfamilien, schmücken. Über die gruseligen Entdeckungen von Zafóns Figur Daniel Sempere in der Aldaya-Villa no 32 liest man in »Der Schatten des Windes«:

»Im Schritttempo fuhr die Trambahn die Baumallee bergauf, und man sah über die Mauern hinweg schlossähnliche Villen in Gärten liegen ... Unter ihnen erhob sich inmitten der gezausten Bäume einsam der dunkle Turm des Aldaya-Hauses ... Ich schlüpfte durch das Türchen auf das Grundstück. Zwischen dem Unkraut erahnte man die Sockel roh entthronter Statuen. Als ich mich dem Haus näherte, sah ich, dass eine von ihnen, ein Engel der Läuterung, zuoberst im Park verloren in einem Bassin lag ... Die Hand des Feuerengels ragte aus dem Wasser; ein anklagender Zeigefinger, spitz wie ein Bajonett, wies auf den Haupteingang. Die gearbeitete Eichentür war angelehnt. Ich stieß sie auf ...«

Wer Barcelonas Geschichte des Mittelalters und seiner jüngerer Vergangenheit, der Franco-Diktatur, noch besser kennenlernen und verstehen möchte, sollte beide Romane lesen, Ildefonso Falcones »Die Kathedrale des Meeres« und Carlos Ruiz Zafóns

»Der Schatten des Windes«. Einige dieser Paläste an der Avinguda del Tibidabo sehen heute noch verwunschen verfallen aus. Die meisten jedoch sind von ihren neuen Eigentümern aus der Werbe-, PR-, Designer- und Kosmetikbranche renoviert worden und künden wieder vom Stolz und dem selbstdarstellerischen Wohlstand der bekanntesten Familien Barcelonas.

Es heißt, dass Zafón seit 2009 an einer Fortsetzung des »Schatten des Windes« schreibt. In den letzten Jahren hat er sich des Öfteren gegen die Kritik des Plagiats verteidigen müssen. Tatsächlich sind einige Figuren seines Bestsellers denen aus dem vergessenen Roman »Der zerbrochene Spiegel« von Mercé Rodoreda sehr ähnlich.

Sei's drum. Zafón ist zugutezuhalten, dass er die Düsternis der Schatten Francos und der vergessenen Bücher wie einen Albtraum beschreibt. Denn die Erinnerung ist die schärfste Waffe gegen das Vergessen des Bösen.

ATENEU BARCELONÈS 1 ▸ *F5*
Carrer de Canuda 6, Barri Gòtic
www.ateneubcn.org
▸ Metro: Catalunya

BAR LA GRANJA DULCINEA 4 ▸ *G5*
Carrer de Petritxol 2, Barri Gòtic
www.11870.com/pro/granja-dulcinea
▸ Metro: Jaume I.

LIBRERÍA CANUDA 20 ▸ *F5*
Carrer de Canuda 4, Barri Gòtic
www.libroscanuda.com
▸ Metro: Catalunya

CRISTINA DE BORBÓN

geb. 1965

Sie kommt aus Madrid und ist eine kastilische Königstochter. Eigentlich sind das in Barcelona keine Pluspunkte. Doch dann eroberte sie die Stadt – mit Liebe, Einfühlungsvermögen und viel Respekt.

Über 10 000 Barceloner stehen am 4. Oktober 1997 auf dem in katalanischen Farben geschmückten Königsplatz Plaça del Rei *(▸ G 5)* im Zentrum des historischen gotischen Viertels und warten auf »ihre« Prinzessin. Als sie am Arm ihres Vaters, des spanischen Königs *Juan Carlos*, langsam in die mächtige Kathedrale *Santa Eulalia* an den 1500 Ehrengästen vorbeischreitet, da mischt sich viel Stolz in die Jubelrufe. Prinzessin Cristina heiratet einen Lokalhelden, den Handballstar des FC Barcelona, *Iñaki Urdangarín*. Damit die an siebter Stelle der Thronfolge stehende Braut einigermaßen standesgemäß heiraten kann, hat König Juan Carlos seiner Tochter und ihrem Iñaki kurz zuvor noch einen katalanischen Titel verliehen, beide zu Herzögen von Mallorca ernannt, der größten Insel der katalanischen Balearen.

Prinzessin Cristina ist seitdem von den Barcelonern eingemeindet, anerkannt und sogar sehr geliebt.

Sie spricht fließend Català, und das honoriert man hier besonders. Also sie ist »von uns«. Später bringt sie alle ihre vier Kinder

Als Mitglied des europäischen Hochadels repräsentiert die Infantin von Spanien bei vielen offiziellen Anlässen ihre Nation.

in Barcelona zur Welt: *Juan* 1999, *Pablo* 2000, *Miguel* 2002 und *Irene* 2005. Vier echte Barceloner, die in der spanischen Thronfolge gleich hinter Cristina kommen. Das erfreut die Nation, die katalanische selbstverständlich. Und Ihre Königliche Hoheit Cristina Federica Victoria Antonia de Borbón, Infantin von Spanien und Herzogin von Palma de Mallorca, hat sogar familiäre Bande zum Grafen von Barcelona. Denn das ist der Titel, den jeder

Die Kirche Santa María del Mar. Cristina de Borbón besucht das Gotteshaus oft allein.

spanische König seit Carlos I im Jahr 1517 führt. Womit wir einen kurzen Abstecher in Cristinas Ahnengalerie machen müssen.

Ihr Urgroßvater *Alfonso XIII* kann zu Beginn des vorigen Jahrhunderts weder durch Gesetze noch durch eine Militärregierung die instabilen Verhältnisse in Spanien kontrollieren. Korruption, Arbeitslosigkeit und sozialer Unfrieden beherrschen die industrialisierte Gesellschaft; Gewerkschaften und Anarcho-Organisationen sind besonders in Barcelona sehr präsent. In Madrid wird die Republik ausgerufen, König Alfonso XIII dankt im April 1923 ab und flieht mit seiner Familie ins Exil nach Rom.

Sein Sohn und Thronerbe *Don Juan*, der Großvater Cristinas, wird nie König werden, denn die Anarchisten in Madrid und Barcelona sind um 1930 nicht gerade royal eingestellt. Und mit dem Bürgerkrieg ab 1936 kommt dann General *Francisco Franco* an die Macht, initiiert mörderische Verfolgung von Hunderttausenden von Republikanern und regiert mit eiserner Faust bis zu seinem Tod 1975.

Der Diktator duldet keine Könige neben sich. Doch Franco ist ein Fuchs, er weiß, dass Spanien nach seiner Diktatur durch einen friedlichen Übergang in die Familie der europäischen Demokratien eingebettet werden muss. Er weiß aber auch, dass die Spanier überzeugte Monarchisten sind. Also schlägt er Don Juan in dessen neuem Exil, im portugiesischen Estoríl, ein Geschäft vor: Der Thronerbe soll auf seine Ansprüche verzichten, Don Juan darf dafür den Titel »Graf von Barcelona« führen, muss aber seinen Sohn Juan Carlos, 1938 im römischen Exil geboren, als 15-Jährigen nach Madrid schicken – in die erzieherische Mühle des Diktators.

Don Juan verzichtet, um die 500-jährige Dynastie zu retten. Und Cristinas Vater Juan Carlos, Enkel des abgedankten Königs Alfonso XIII, wird nach Schule, Studium, Militärlaufbahn und US-Aufenthalten 1975 tatsächlich König von Spanien, nicht von Gottes, sondern von Francos Gnaden, was die Anzahl der überzeugten Monarchisten zunächst ziemlich überschaubar hält. Doch 1981 vereitelt Juan Carlos im bereits demokratisch regierten Spanien eindrucksvoll einen Militärputsch, und schlagartig wird er von allen Spaniern, ja sogar von den Katalanen als Bürger-König geachtet und geliebt.

EINE HOCHZEIT ALS SCHACHZUG

Als ihm dann seine Tochter Cristina ihre Liebe zu dem Barceloner Handballstar mit dem baskischen Namen Iñaki gesteht, da sieht er sie als Königin-Figur auf seinem gesamtpolitischen Schachbrett. Auf dem liegt das zentralistisch-autoritäre Madrid in der Mitte, oben im Norden die beiden Provinzen mit eigener Sprache und größtmöglichen Autonomie-Forderungen: das Baskenland und eben Katalonien.

Das ist für den harmoniesüchtigen König die Chance: Jetzt kann er den mit überhöhten Steuern, Sprachverboten und kulturellen Repressalien jahrzehntelang gepeinigten Basken und den Barcelonern zeigen, dass Madrid doch ein Herz für die beiden widerspenstigen Provinzen hat. Er unterstützt die Liebesheirat nach Kräften und freut sich am 4. Oktober 1997 ganz besonders über den »Cristina-Cristina«-Jubel der Barceloner für »unsere« Prinzessin.

Die Königstochter findet schnell in ein bürgerliches Leben. Das junge Paar kauft sich oberhalb der Diagonal im noblen Stadtteil Pedralbes eine Villa mit Garten und Pool. Rundherum eine hohe Mauer, alles von außen uneinsehbar. Das Haus liegt nur einen kurzen Spaziergang entfernt von dem Kloster Monestir Pedralbes und vom Sommerpalast Eusebi Güell an der Avinguda de Pedralbes. Cristina nimmt den Job als Botschafterin der UNESCO im Barcelona-Büro an. Und sie arbeitet seit 1992 im Direktoren-Rang für die größte katalanische Bank, die Caixa, zunächst in der Abteilung für kulturelle Organisation, seit 1998 für internationale Kooperationen. Sie verdient ihr eigenes Geld. Das kommt bei den geschäftstüchtigen Katalanen immer gut an.

CRISTINA HAT EINE YACHT IN BARCELONA

Neben der Liebe zu ihrem beim FC Barcelona und in der Nationalmannschaft spielenden Handballstar gibt es für die eingemeindete Prinzessin noch einen weiteren Grund, in Barcelona ihr Heimatgefühl zu pflegen: ihre Liebe zum Segelsport. Schon als Kleinkind macht sie die Regatta-Fahrten mit ihrem Papa und ihrem größeren Bruder Felipe, dem Thronfolger, vor der Küste von Palma de Mallorca mit; dort besitzt der König den Sommerpalast Marivent.

Ihre große Segelleidenschaft, die man in ihrem Geburtsort Madrid nicht ernsthaft ausleben kann, hat sie vom Vater geerbt. Der nahm 1972 als Mitglied der spanischen Mannschaft bei den Olympischen Spielen in München in der Drachen-Klasse teil: 15. Platz. Cristina tritt für Spanien 1988 bei den Olympischen

*Prinzessin Cristina von Spanien ist eine begeisterte Seglerin,
die sogar an Olympischen Spielen teilnahm.*

Spielen in Seoul als Fahnenträgerin und in der Soling-Klasse
an. Sie kommt über den Vorlauf nicht hinaus. Dafür erreicht ihr
Bruder Prinz Felipe 1992 im Soling den 6. Platz. Wie man sieht, ist
der sportliche Ehrgeiz der spanischen Krone auf Wasser gebaut.

DER REAL CLUB DE BARCELONA

Davon gibt es in Barcelona reichlich. Cristina hat eine eigene
kleine Segelyacht im – natürlich königlichen – Real Club de Barcelona. Der liegt gleich neben der Rambla del Mar und dem tren-
digen Maremagnum-Zentrum mit Boutiquen, Kino, gigantischem
Aquarium sowie vielen guten Fischrestaurants. Schon lange vor
den Olympischen Spielen 1992 in Barcelona engagiert sich Prinzessin Cristina als Mitorganisatorin und offizielle Repräsentantin
der Segelwettbewerbe. Dabei bekommt sie die letzten städtebau-
lichen Erschütterungen mit, die dem Küstenabschnitt östlich des

einst so urigen Stadtteils Barceloneta ein neues Gesicht geben, was nicht immer und überall zum Besseren geführt hat. Wo früher schrottreife Kräne und zerbröselnde Kaimauern standen, entstehen für die Olympischen Spiele modernste Bauten (Torre Mapfre), Luxushotels (Hotel Arts) und eine fünf Kilometer lange, palmengeschmückte Promenade mit sieben sauberen Badestränden wie die Platja Icária oder Platja del Bogatell. So weit, so schön.

EIN URSPRÜNGLICHES VIERTEL WURDE CHIC

Adiós Barceloneta. Vor rund 250 Jahren, als man weiter oben im Barri Ribera für eine Zitadelle ein ganzes Wohnviertel schliff (heute der Parc de la Ciutadella), wurden hier Siedlungen in Reih und Glied für Arbeiter, Fischer und spanische Roma (»Gitanos«) erbaut. Eigentlich ein Luxus, denn es ist Barcelonas einziges Wohngebiet mit direktem Meeranschluss. Ein Armenviertel mit Übervölkerung, Epidemien, Wäscheleinen von Haus zu Haus und den klassischen hölzernen »chiringitos«, Strandbars, entsteht. Noch in den 60er- und 70er-Jahren des 20. Jh. stellen die Familien in den Gassen von Barceloneta abends ihre Baststühle vor die Tür zum nachbarschaftlichen Smalltalk. Nicht weil das TV-Programm schlecht ist, sondern weil es draußen kühler ist und man mehr Platz hat. Damals saß man in den »chiringitos« an klapprigen Holztischen auf Sand so nah am Meer, dass die Füße nass wurden, während man Gambas und »chiperones«, die gebratenen Minitintenfische, zu Minipreisen aß, die sich sogar die damals noch zahlreichen Schuhputzer leisten konnten.

Das städtebauliche Facelifting für Olympia 92 hat die meisten Arbeiter vertrieben, Barceloneta ist heute für Künstler, Ausländer und Besserverdienende en vogue geworden. Entsprechend stiegen die Immobilienpreise, und so sehen auch die Restaurants aus, teuer und geleckt. Wie beispielsweise das alte, nun renovierte Cal

Pinxo in der Carrer de Baluard oder das Palau de Mar gleich um die Ecke mit schönem Blick auf den Yachtclub.

Barcelonas Prinzessin Cristina liebt diese Gegend auch heute noch. Vom Yachtclub geht die begeisterte Schwimmerin und Seglerin gelegentlich die 500 Meter zu Fuß bis zu ihrer Lieblingskirche, der *Santa María del Mar* 38 *(▸ H 5)*. Diese schönste Kirche Barcelonas verzaubert mit ihrer schlichten gotischen Magie; Ildefonso Falcones hat die Bauarbeiten im 14. Jh. in seinem historischen Roman »Die Kathedrale des Meeres« unglaublich spannend beschrieben. Prinzessin Cristina zieht es als gläubige Katholikin in dieses gotische Meer, aber auch wegen der regelmäßig stattfindenden klassischen Konzerte. Sie sitzt dann nicht in einer Ehrenloge, sondern als Mitbürgerin zwischen vielen anderen Barcelonern.

Seit Ende 2009 lebt Cristina mit ihrer Familie überwiegend in New York. Alle zwei, drei Monate jettet sie nach Barcelona, um nach ihrem Haus in Pedralbes zu schauen, einige Verpflichtungen wahrzunehmen und Freunde zu treffen. Schmerztabletten gegen das Heimweh. Es ist tiefe Liebe, die Cristina für die Stadt hegt. Und Barcelona liebt zurück.

RESTAURANTE BARCELONETA 34 ▸ *J 7*
Carrer de l`Escar 22, Barceloneta
www.rte-barceloneta.com
▶ Metro: Barceloneta

SANTA MARÍA DEL MAR 38 ▸ *H 5*
Plaça de Santa María, Ribera
▶ Metro: Jaume I

LIONEL MESSI

geb. 1987

Ein junger Mann aus Argentinien spielt im Olymp der Fußballgötter – das ist mehr als ein Sportmärchen. Hier offenbart sich der Mythos von Barça, der Seele von Barcelona. Porträt eines Märchens.

Dies ist die Geschichte von einem jungen Mann, den Millionen wie einen Gott verehren, und einem Club, der sich selbst als Olymp sieht. Die Heimstatt der Götter, die von Menschen in erster Linie gefürchtet werden. Doch dieser junge Mann und sein Club werden bedingungslos geliebt, selbst von denen, die sie eigentlich fürchten müssten. Es gibt nur einen Ort auf der Welt, in dem man den jungen Mann und seinen Club hasst. Dieser Ort heißt Madrid, und das versteht jeder, der weiß, dass der junge Mann Lionel Messi heißt und sein Club FC Barcelona, von Freund und Feind Barça genannt.

Mit Barça identifiziert sich nicht nur die katalanische Millionenmetropole. Die Fans in allen Kontinenten dieser Welt – bis auf Madrid natürlich – verehren den Verein als die Gralsburg höchster Fußballkultur, vor allem in der Stadt Barcelona, der Heimat von Barça. Das mag nach Hysterie klingen, doch wer den unverstellten kindlichen Jubel sieht, mit dem Siege gefeiert werden, und die grenzenlose Verzweiflung nach (den wenigen)

Lionel Messi, der geniale Argentinier, ist die Seele des FC Barcelona.
Der Verein ist der große Mythos dieser Stadt.

Niederlagen, der beginnt zu ahnen, vielleicht sogar zu verstehen, wie groß dieser Mythos über alles in der Stadt hinausragt, über die Kathedrale de la Santa Creu **10** *(▸ G 5)*, über die Oper Liceu **16** *(▸ G 6)*, über Gaudí, Montserrat Caballé oder Josep Carreras. Sie alle wirken wie Beiwerk zu Barça, was natürlich so nicht stimmen kann. Gefühlte Wahrheiten sind meist keine Tatsachen, sondern Legenden. Wie dieser junge Mann und sein Verein.

*Camp Nou, das Stadion des FC Barcelona. Die knapp 100 000 Plätze
sind stets besetzt, und jedes Spiel wird wie eine Messe gefeiert.*

Draußen am eher hässlichen Stadion Camp Nou des ganz
bestimmt nicht schönen Vororts Hospitalet steht der Satz auf
Català, der alles unterstreicht: »Més que un club – mehr als nur
ein Club«. Eine Institution mit Seele, die der UNESCO und dem
UN-Kinderhilfswerk Werbeflächen auf den blau-granatapfelroten
Spielerhemden gratis zur Verfügung stellt. Wenn Barça, wie beim
3:1-Champions-League-Sieg 2011 gegen Manchester United, seine Symphonie mit Ball auf grünem Rasen spielt, sieht man einige
der weltbesten Spieler brillieren und natürlich auch diesen unver-
gleichlichen Lionel Messi. Aber sie sind nur aktuell, nur in diesem Spiel, in dieser Saison, in diesem Jahrzehnt, Teil des großen
Ganzen, sie sind allesamt nur geniale Mitarbeiter. Barça ist das
Zentrum, die Sonne, um die sich die Sterne drehen, was die Frage
aufwirft: Was ist heiliger: der Himmel oder die Heiligen? Barça ist
der Himmel, seit einer gefühlten Ewigkeit, seit 1899.

Aus der Schweiz ist der Kaufmann und Sportjournalist Hans Gamper (1877–1930) zugewandert. Er vermisst seinen FC Zürich, in dem er jahrelang Fußball gespielt hatte. So kickt Gamper jeden Sonntag mit Freunden auf einem Schotterplatz in Sarrià und sucht per Zeitungsanzeige Interessierte zur Gründung eines Fußballvereins. Es finden sich 36 Geldgeber und ein preiswertes, steiniges Gelände vor den Toren der Stadt an der heutigen Avinguda Aristides Maillol. Hans »Joan« Gamper spielt bis 1903 als Kapitän des FC Barcelona und hält bis heute den Rekord für die meisten in einem Pflichtspiel geschossenen Tore, nämlich neun!

EIN SCHWEIZER IST DER URPATE DES CLUBS

Als Vereinspräsident saniert er den Club finanziell – und sorgt 1925 auch für den ersten politischen Eklat: Zu Ehren des katalanischen Volkschores Orfeó Català organisiert er ein Freundschaftsspiel gegen eine britische Mannschaft. 14 000 Fans applaudieren bei der britischen Nationalhymne und buhen die spanische Hymne aus. Der Schweizer Gamper wird für drei Monate wegen »Unterstützung des Katalanismus« des Landes verwiesen, Barça darf sechs Monate nicht im eigenen Stadion spielen.

Diese politische Kriegsführung des zentralistischen Madrids trifft den Verein während des Bürgerkriegs 1936 bis 1939 noch wesentlich härter. Barças Vereinspräsident Sunyol wird von Francos Soldaten festgenommen und erschossen. 1937 fliehen zwölf Spieler während einer Auslandsreise nach Mexiko. 1939, als die Franquisten Barcelona eingenommen haben, stehen alle Gründungs- und Präsidiumsmitglieder neben Anarchisten und Kommunisten auf der Säuberungsliste. In den nächsten Jahren eskalieren die sportlichen Duelle zwischen Real Madrid und FC Barcelona jeweils zum patriotischen Machtkampf zwischen Katalonien und Madrid. Für die Barceloner ist jeder Sieg auch eine Bestätigung für ihre Heimatfarben, sie sehen die Barça-Spieler als ihre heroische Streitkraft für die Autonomiebewegung. Bis zu Francos Tod 1975 werden viele Schiedsrichter verdächtigt, zugunsten von Madrid Spielergebnisse manipuliert zu haben.

EIN SPIEL GEGEN MADRID IST MEHR ALS EIN SPIEL

Auch heute noch hat ein Spiel Barça gegen die Königlichen aus Madrid mehr Sprengstoff als Begegnungen von Manchester gegen Liverpool oder Schalke gegen Dortmund. Selbstverständlich beherrschen seit dem Ende der Franco-Diktatur katalanische Fahnen und Fangesänge auf Català das Camp Nou. Das »neue Stadion« war 1957 gebaut worden, weil immer mehr Barceloner ihren Club sehen wollen. Und weil es da einen Spieler gibt, der seit 1951 die Massen bewegt und für den allein das alte Stadion zu klein wird: *Laszló Kubala*, ein gebürtiger Ungar und nationalisierter Spanier (1927–2002), spielt technisch perfekt und führt Barça in den 50er-Jahren zu vielen Meisterschaften und Pokalsiegen.

Dass ihr Held Kubala ein Nicht-Katalane ist, stört die selbstbewussten Barceloner wenig. Sie haben seit Jahrhunderten gelernt, über den Tellerrand hinaus in die Welt zu blicken und das Beste in ihre Heimat zu holen. Siehe Lionel Messi, den überirdisch-außerirdischen Argentinier. Bei *Ricardo Zamora*, einst weltbester Torwart und ebenfalls eine Barça-Legende, ist das nicht notwendig. Er ist ein Eigengewächs, 1901 in Barcelona geboren und 1978 gestorben. 1920 und 1922 gewinnt er mit Barça die Copa del Rey und sichert der spanischen Nationalelf 1920 die Olympia-Silbermedaille. Vor allem seinen Glanzleistungen ist es zu verdanken, dass Spanien 1929 als erste ausländische Mannschaft den Engländern in deren Heimat eine 3 : 4-Niederlage beibringt. Zamora wird zum Nationalhelden, als bekannt wird, dass er das Spiel mit gebrochenem Brustbein durchgestanden hat.

*Das Museu FC Barcelona im Stadion Camp Nou wird von Fans
aus der ganzen Welt besucht.*

Auf Zamora folgen Kubala, später *Johan Cruyff, Bernd Schuster
Diego Maradona* und *Gary Lineker* und in diesem Jahrhundert
Lionel Messi. Seine Geschichte ist wie viele Fußballgeschichten
ein Märchen, das sich die Fans in den schummrigen Bars von
Barcelona immer wieder erzählen.

Der spätere Fußballgott Lionel Andrés Messi wird am 24. Juni
1987 in Rosario in Argentinien geboren. Mit fünf Jahren mel-
det ihn sein Vater in einem Fußballclub an; sehr schnell erkennt
man dort das außergewöhnliche Talent des Kindes, das unge-
wöhnlich zart und klein ist, was sich später als Wachstumsstörung
herausstellt. Der kleine Lionel, kurz Leo genannt, leidet an Soma-
tropinmangel, die Behandlung ist teuer. Die 900 Dollar im Monat
sind viel zu teuer für die Familie Messi. Und weil er so mickrig
wirkt, winken argentinische Vereine trotz seines überragenden
Talents ab.

Verzweifelt wenden sich seine Eltern an den FC Barcelona. Leo absolviert ein Probetraining, der Jugendtrainer ist völlig aus dem Häuschen, er spricht mit den Eltern und lässt sie sofort einen Vertrag, notdürftig auf einer Serviette formuliert, unterschreiben. So zieht der 13-Jährige mit seinen Eltern und drei Geschwistern nach Barcelona. Barça zahlt ein Einstiegsgehalt von 600 Dollar und die monatlichen Therapiekosten. Man kauft der Familie Messi ein Haus unweit des Stadions, Lionel wächst im gewohnten familiären Umfeld auf. Eine Haushälterin, ein Sekretär, ein Chauffeur, ein Gärtner und ein Behördengänger regeln seitdem alles für die Messis.

MESSI IST DER CHOREOGRAF DES SPIELS

Es hat sich für Barça gelohnt. Lionel Messi, mittlerweile 1,69 Meter groß, wird zum Symbol katalanischer Fußballmacht und 2011 zum dritten Mal zum weltbesten Fußballer gewählt. Mit den Eigengewächsen *Iniesta* und *Xavi* perfektioniert er das Karussell der Kurzpässe und die Dramaturgie der Ballstaffetten. Trainer Guardiola hält in einem digitalen Trackingsystem jeden Schritt und jeden Pass seiner Mannschaft fest. Auf dem Computerbild, das wie die choreografische Zeichnung eines Ballettmeisters aussieht, analysiert er jede Sekunde eines Spiels. Dann sieht man auch, dass unter all den Barça-Künstlern der kleine Lionel der Größte ist. Die geometrischen Linien und Skalen verraten aber auch, dass er sich einordnet in ein straffes Mannschaftsgefüge. Messi, der Weltbeste, dient seinem Verein. Und verdient dabei jährlich über 30 Millionen Euro. Die Fans gönnen es ihm. Er ist ein Nationalheiliger.

98 772 Sitzplätze gibt es im Camp Nou, aber über 130 000 Barça-Mitglieder. Da wird es eng. Traditionsbewusste Katalanen melden ihre Kinder gleich nach der Geburt als Mitglied an;

Tribünenplätze als Kommuniongeschenk sind durchaus üblich; Abonnementinhaber vermachen ihren Sitzplatz beizeiten per notariellem Testament. Schulklassen absolvieren Pflichtbesuche im pokalgespickten Stadion-Museum. Und die Fans zelebrieren jedes Spiel, als ob sie in die Oper gingen. Für Messi & Co zieht man sich sauber und gepflegt an, alkoholische Exzesse sind im Camp Nou verpönt. Es ist ein Vergnügungspark für gehobene Ansprüche.

Wenn Barça gewinnt, ziehen die Fans mit Hupkonzerten durch die Stadt. Unterhalb der Plaça de Catalunya auf der Rambla de Canalets diskutieren sie jeden Pass, jedes Tor. Das tun die Barça-Anhänger hier schon seit 100 Jahren, nach jedem Spiel, bis tief in die Nacht.

In den 60er-Jahren, als sich nach Spielschluss spontan Gruppen bildeten, die selig Barça-Siege feiern wollten, knüppelte Francos Guardia Civil auf die Fans ein. Mit dem Argument, per Gesetz seien nur Demonstrationen bis zu vier Personen erlaubt. Die Polizei, das war Madrid. Und das hasste Barça.

Aber auch diese Aversionen haben den großen FC Barcelona und seinen kleinen Leo Messi stark und souverän gemacht. So souverän, dass beide keine Neider haben – außer in Madrid.

In Barcelona weiß man, dass Neid nur einen nachhaltig quält: den Neider.

CAMP NOU UND MUSEU FC BARCELONA
Avinguda Aristides Maillol, Hospitalet
www.fcbarcelona.com
▶ Metro: Collblanc

ESTADI CAMP NOU
Avinguda de Joan XXII, Hospitalet
www.fcbarcelona.com/camp-nou
▶ Metro: Collblanc

PERSONENREGISTER

Eine *kursive* Zahl verweist auf eine Abbildung.

ORTS- UND SACHREGISTER

Eine *kursive* Zahl verweist auf eine Abbildung, eine **fett** gedruckte Zahl
verweist auf eine Adresse am Ende der Kapitel.